歴史・文化への眼差《まなざ》し

棚瀬 久雄

歴史とは、現実に何が起きたかではなくて、
何が起こったと人々が信じたことである。

——安《あ》能《のう》　務《つとむ》『三国演義』（講談社、１９９８）より

はじめに

この本の表題にある「眼差し」という用語を国語辞典で引いてみると、「物を眺める目（の様子）、目の表情、目付き、視線」とある。故にこの紀行文の『歴史・文化への眼差し』というタイトルの意味するところは、この世に出来《しゅったい》した歴史上の出来事や、その後の歴史の流れの中で形成された文化をどのように俯瞰《ふかん》するかということになろうか。

退職してからは二十年以上に渡ってテーマ旅行に出掛けては紀行文というか旅日記を書くのをささやかな楽しみというか趣味として残された人生を過ごしてきた。否、無味乾燥な一人暮らしとなった人生の生き甲斐であったといっても過言ではない。この間、如何なる視点に立ち幾つかの旅行記をまとめたのかを一言で述べるとすれば、それはやはり歴史・文化への眼差しであったといえる。

唐突であるが、数十年も前に三島由紀夫の小説『潮騒《しおさい》』（新潮社、１９４５）を読んだ際、三島はこの小説の少し前に『アポロの杯《さかずき》』という紀行文を書いていることを知り、何時か読んでみようと思っていた。最近、刊行された『三島由紀夫紀行文集』（岩波文庫、２０１８）の巻頭にこの紀行文が収められていたことから目を通すことができた。この本の編集を担当した佐藤秀明は、その解説の中で「紀行文には書き手に制限がなく、素人と玄人の区別が付

きにくいという面白さがある」と書いている。同時に、「今世紀ほど多くの人々が紀行文を書いて公表している時代はかつてなかった」とも述べている。つまり、二十一世紀は物書きの大衆化の起こった時代であるというのである。

　この言葉に勇気付けられた訳ではないが、文才の無い者にとって紀行文を書くのは、そんなに生易しいことではない。しかも、紀行文というのは何を書いても許されるという主観性の強いジャンルであるといっても、独創性に溢れた的確な内容の紀行文を書くことなど無い物ねだりである。

　加えて、古希を過ぎたといえども一日に数百kmにもおよぶ車の運転には限界を感ずることは無いけれども、足の筋力の低下など体力の衰えは如何とも仕難いと思うようになった。そこで、これまでにも訪ねたいと思いながら未だ訪れる機会に恵まれなかった地を気の向くままにゆっくりと訪れながら、エッセイ風の旅日記を書き留めてみようと思い立った。

　当初、全国で十数箇所ほどをと目論んでいたが、五年余りでやっと十箇所を訪れただけである。芭蕉と杜国《とこく》師弟の極秘の旅日記として知られる芭蕉の『笈《おい》の小文《こぶみ》』の措辞《そじ》を借用した森本哲郎の紀行文の『旅の半空《なかぞら》』（新潮社、２００９）ではないが、旅の半空にも程遠い、十箇所の旅日記とともに、最後にこれまでの旅行で立ち寄ったことのある桜の名所に桜の生物学的特性などを加えて「花は桜」と題してまとめた。

目次

1

渥美半島伊良湖散策

愛知県三河地方の南部に長々と横たわる渥美《あつみ》半島は古くから伊良湖水道を挟んで伊勢湾の入り口に浮かぶ神島《かみじま》や伊勢および志摩との関係が深かった。また、万葉の昔から名勝の地として歌人たちの心を惹《ひ》き付ける歌枕の地として知られ、多くの文人たちが足跡を印したこともあり、そこかしこに詩歌の碑が立っている。そこで、岬を吹き渡る潮風に包まれながら、それらの碑を訪ね、心に浮かんだことを書き留めてみた。

終《つい》の住処《すみか》となった静岡県西部の磐田市から車で伊良湖へ行くには、二つのルートがある。一つは国道1号線を利用して浜名湖の西にある湖西市白須賀《しらすか》より渥美半島南岸沿いの「表浜《おもてはま》街道」として知られた国道42号線を辿るルートである。もう一つは国道1号線の境川より国道23号線に入り、豊橋市大崎から「田原《たはら》街道」と呼ばれた半島北岸の三河湾（渥美湾とも）沿いの国道２５９号線を通るルートである。走り慣れたこともあって距離的にも近い国道42号線を通ることにし、平成二十四年（２０１４）の晩秋、我が家を後にした。伊良湖岬までは90㎞余り、二時間半程の距離である。旧東海道の宿場町としても知られた白須賀より国道42号線に入り、愛知県との県境を越えれば渥美半島である。

上古の時代の三河国は、三河と穂《ほ》という二つの国に分かれていた。その頃の三河国は碧海《あおみ》・額田《ぬかた》・加茂《かも》・幡豆《はづ》の四郡より成る西三河の地を指し、宝飫《ほお》・渥美・八名《やな》の三郡より成る東三河の地は穂国と呼ばれていた。

『三河国風土記』や本居宣長の『古事記伝』によると、三河国の原義は矢作川《やはぎがわ》・男川《おとがわ》・豊川《とよがわ》の三つの

河川に因むという。しかし、『日本歴史地名大系23　愛知県の地名』はこの説をあっさりと否定し、三河とは「水河《みかわ》」の意で、西三河を貫流する矢作川を指すという。男川は矢作川の支流であり、矢作川・豊川と並ぶ三大河川とは言い難い。これに対して、穂国の名称は東三河の各地から望むことのできる本宮山（標高７８９ｍ）から生まれたということに関しては異論はないようである。

両国は大化（６４５～５０年）の頃に三河一国に統合され、穂国の名称は宝飫《ほお》という郡名に引き継がれ、宝飯《ほい》郡と表記されるようになった。延喜三年（９０３）には宝飯郡より設楽《したら》郡が分置され、三河国は八郡となった。それにしても、旧分国名や郡名は上古の響きを持った趣のある名称ではないか。

さて、豊橋より西方へ突き出した渥美半島は長さ40㎞、幅数㎞の細長い半島である。表浜と呼ばれる太平洋に面する沿岸は、『和漢三才図会』にあるように、「片浜《かたはま》十三里」と称される砂浜海岸が続いているが、太平洋の荒波による侵食により高さ20～30ｍの海食崖《がい》を成している。この海食崖は渥美曲隆運動によりドーム状に隆起した南半分が侵食によって海中に没して形成された。そのために半島は南に高く、北へ向かい低くなっている。その後も海岸は侵食による後退が激しく、かつては熊野街道とも伊勢街道とも呼ばれた表浜街道は内陸へと移され、現在の国道42号線は三度目の内陸移転である。

半島の地質は、珪酸《けいさん》を主体とする「チャート」と呼ばれる堆積岩に石灰岩・凝灰岩・蛇紋岩・頁岩《けつがん》などの混入した「秩父帯」といわれる堅い基盤岩の上に、礫《れき》や砂より成る軟弱な「渥美層群」といわれる赤茶けた第四紀更新世（洪積世とも）の堆積物が乗っている。このような地質の表浜では海食により埋積地形が洗い出され、「対置海岸」と呼ばれる多少出入りのある海岸が形成された。これに対

して、三河湾に面した波静かな裏浜は小河川により形成されたデルタ地形や砂州が発達している。

美濃帯や秩父帯を構成する岩石は明治初期から「秩父古生層」と呼ばれ、その年代は古生代（五億七千万～二億四千五百万年前）の石炭紀（三億六千万～二億九千万年前）から二畳紀《ペルム》（二億九千万～二億四千五百万年前）とされてきた。

しかしながら、山下昇編著の『フォッサマグナ』には次のように記されている。秩父古生層の年代判定の基になる化石は稀で、構成岩石の５％にも満たない石灰岩の中に石炭紀から二畳紀《ペルム》のフナズリや珊瑚《さんご》の化石が含まれていたことから、秩父古生層の年代は石炭紀から二畳紀と判定された。ところが、１９６３年にチャートを強酸で処理することによりコノドントの化石が発見されたことから、その年代は中生代（二億四千五百万～六千五百万年前）の三畳紀（二億四千五百万～二億八百万年前）であることが明らかにされた。さらに１９８１年には砂岩・泥岩中から原生動物の放線虫の化石が発見され、その年代はジュラ紀（二億八百万～一億四千五百万年前）であることが判明したのである。

かくして秩父古生層という名称や概念は完全に崩壊したのにもかかわらず、未だに学術書や資料には秩父古生層という用語が使用されているのに驚かされると同時に学会の体質の古さには呆れる。

城下《しろした》を過ぎて豊橋市から田原市へと入る。渥美半島の中部以西の地は、かつては田原町・赤羽根町・渥美町より成る渥美郡であったが、平成の大合併により三町は田原市となり、由緒ある渥美郡は消滅してしまったのである。渥美郡の名は『延喜式《えんぎしき》』民部省には「渥美」、『和名抄《わみょうしょう》』国郡には「渥美・阿豆美《あづみ》」と記されており、八世紀頃の渥美郡は現在の田原市と豊橋市を含み、東は遠江国の浜名郡と

境を接する大きな郡であった。

渥美という地名は『古事記』や『日本書紀』に登場する海事を司《つかさど》る海部《あまべ》であった阿曇連《あづみのむらじ》に由来するといわれる。湾曲の少ない東海地方の沿岸部では三河湾や伊勢湾は海部族たちの格好の根拠地となり、阿曇連は渥美半島に定着して行ったのであろう。

旧赤羽根と旧渥美町の境にそびえる大山（３２８ｍ）を過ぎると、行く手に骨山《ほねやま》（１１０ｍ）を望むことができるようになり、堀切を過ぎれば「日出《ひい》園地」である。骨山の南の太平洋に臨む断崖を下ると、砂浜から海中に連なる「日出の石門」として知られる海食洞がある。

石門は二つあるようで、海岸沿いのこれは「岸の石門」と呼ばれ、その先の海には「沖の石門」が浮かんでいるはずであるが、ここからは望めない。海上に浮かぶ洞門に旭日の光を通す光景は伊良湖景勝の奇観といわれている。

前述したように、この辺りの海辺は渥美層群と呼ばれる洪積台地が海食を受けて堅い中生代の岩礁が露出した対置海岸である。石門はチャートという非常に緻密で堅い堆積岩であり、約二億年前に珪酸で作られた放線虫の殻などが遥か南方の海洋底に沈殿して形成され、太平洋プレートの移動により現在のところまで運ばれて来た。層状に堆積しているチャートは海底の地すべりや強い圧力で衝突したりして変形しているのが分かる。石門の岩のうねるような褶曲《しゅうきょく》や断層はそのような過去の変動の記録の総和である。

石門への石段の右側にある急な坂道と石段を上り、沖の石門を見下ろす断崖の上に出た。眼下に海を望むこの地は旧野村藩の砲台の跡地で、その奥まった一角に島崎藤村の「椰子《やし》の実《み》」の詩碑が佇《たたず》んでいる。

石蕗《つわぶき》の黄色い花に囲まれた御影石の台座の上に高さ1m、幅2m余りの灰色の矩形《くけい》の碑に、誰の揮《き》毫《ごう》になるのか、独特の書体で詩の全文が刻まれている。

名も知らぬ遠き島より　流れ寄る椰子の実一つ
故郷《ふるさと》の岸を離れて　汝《なれ》はそも波に幾月
舊《もと》（旧）の樹《き》は生ひや茂れる　枝はなお影をやなせる
われもまた渚を枕　孤身《ひとりみ》の浮寝の旅ぞ
実をとりて胸にあつれば　新《あらた》なり流離の憂《うれひ》
海の日の沈むを見れば　激《たぎ》り落つ異郷の涙
思ひやる八重の汐々《しおじお》　いずれの日にか国に帰らむ

島崎藤村「椰子の実」の詩碑

明治三十一年（１８９８）の夏、二十三歳になった東京帝大法学部二年生の松岡（後の柳田）国男は、田山《たやま》花袋《かたい》の紹介で二歳年長の宮川春汀の故郷である渥美半島の畠村（現田原市福江）を訪れ、伊良湖村の小久保惣三郎宅の離れに逗留《とうりゅう》した。一箇月余りの滞在中、伊良湖岬の小山《おやま》（古山とも、89m）を通り恋路ヶ浜まで散策するのを日課とし、浜に漂着する椰子の実を見つけた。

帰郷した柳田はこのことを詩人仲間であった藤村に話したところ、『若菜集』の新進詩人はこの話に想を得て一編の叙情詩「椰子の実」を作り、明治三十三年（１９００）に雑誌『新小説』に発表したのである。翌年にはこの詩は「千曲川旅情の歌」とともに『落梅集』に収められて評判になった。

当時、新体詩を発表していた詩人の柳田はこの格好の題材を藤村に譲ったのは何故だったの

であろうか。この頃の柳田は愛する人と死別し、詩を止めて農政学に進むことを考えていたらしい。その後、藤村は小説家に転向し、『破戒』や『夜明け前』など人生の現実を有りのままに描いた自然主義的な作品を発表して名を馳せた。

一方、自然主義文学を認めなかった柳田は農商務省に入り、農政官僚となり、やがて民俗学の世界へと踏み出して行き、二人の間は疎遠になったという。加えて、農商務省に勤める柳田は藤村の兄が台湾の木材の払下げの斡旋を依頼してきたことに激怒し、藤村と絶交したというエピソードが残されている。

話が少し脇道にそれるが、磐田市出身の偉人として信濃川放水路の可動堰の建設や荒川放水路の岩淵水門工事に携わった青山士《あきら》という人物が知られている。青山は明治三十六年（１９０３）に東京帝大工科大学を卒業して単身米国に渡り、パナマ運河開削という世紀の難工事に従事した唯一人の日本人として知られている。しかし、青山は運河完成の前に帰国している。日本のスパイではないかとの疑惑を持たれたためといわれている。遠く離れた異国の地に身を置く青山は、椰子の生い茂るパナマの地で藤村のこの詩を読みながら、望郷の念に駆られたという。

この「椰子の実」の詩碑と向かい合うようにして、この詩に曲を付けたことで知られる大中寅二《おおなかとらじ》の譜面の彫られた比較的新しい顕彰碑が立っている。この歌の誕生した経緯は次のようである。

昭和十一年（１９３６）に二・二六事件が出来《しゅったい》し、次第に戦争への道へと突き進んで行く重苦しい雰囲気の中で、日本放送協会は健全で明朗な歌をラジオを通して国民に広げる目的で「国民歌謡」の

製作と放送を始めた。そんな折に日本放送協会からオルガニストの大中寅二に藤村の詩である「椰子の実」に曲を付けるよう依頼があった。この曲は後に東海林太郎が歌い、レコードになった。

顕彰碑に刻まれた楽譜の冒頭には「思い懐かしく」と指定されており、イ長調の曲であることが分かる。碑の裏面には後に寅二の後妻となった大中香代の記したという次のような寅二の略歴が刻まれている。

大中寅二は明治二十九年（１８９６）に東京で生まれ、同志社大学を卒業した後、山田耕筰に師事した。大阪の北野中学の頃から教会のオルガン奏者となり、大正９年（１９２０）より昭和五十七年（１９８２）に八十六歳で亡くなるまで東京赤坂の霊南坂教会でオルガニストを務めた。この間、大正十四年（１９２５）にはベルリンへ留学している。

なお、小川雅魚《まさな》は随筆『潮の騒ぐを聴け』の中で、この顕彰碑はスズキコユミによって刻まれたと書いている。コユミとは女性の名前のようであるが、一体どのような字を書くのであろうか。それにしても、女性が石碑を刻むのであろうかと思う。

日出園地から骨山の山腹を走る国道をさらに西へ進むと、高山（１３９ｍ）および宮山原始林の広がる宮山（１３５ｍ）を背にして柳田国男が椰子の実を拾ったという美しい白砂の「恋路ヶ浜」が続いている。恋路ヶ浜と名付けられたのは何時頃のことかは知らないが、柳田が散歩していた頃にはそんな洒落《しゃれ》た名称はなかったものと思われる。

伊良湖港へと続く国道を左折すれば、恋路ヶ浜を前にした伊良湖駐車場である。ここから海岸に沿って遊歩道が伊良湖港まで続いており、その途中に「伊良湖岬灯台」と「万葉歌碑」があることで知られる。遊歩道の両側には巨石が並べられ、短歌などの刻まれた銅板がはめ込まれている。程なく

『万葉集』に収められた麻績王の歌の碑

昭和五年（１９３０）建設の白亜の伊良湖岬灯台が姿を見せる。灯台の南西４㎞程の海上には三島由紀夫の小説『潮騒』の舞台となった神島（小説では歌島）が浮かんでいる。

伊良湖と神島の間の伊良湖水道は「渡合《どあい》」と呼ばれ、日本三大潮流の一つに数えられる海の難所として知られた。往時の船頭たちにより「阿波の鳴門か、銚子の口か、伊良湖の渡合か、おそろしや」と歌われたそうである。

灯台の背後の小山の急斜面を登った地点に『万葉集』巻一に載る麻績王《おみのおおきみ》（上代では麻続《おみ》王とも表記）の歌が刻まれた碑が伊良湖水道を見下ろすようにして晩秋の太陽の光を浴びて立っている。

「麻績王、伊勢国の伊良虞《いらご》の島に流さるる時に、

人の哀傷《あわれ》びて作る歌」と詞書《ことばがき》された「打麻《うちそ》を麻績王海人《あま》なれや伊良虞の島の玉藻刈ります」という歌（二三）に続き、「麻績王、これを聞き感傷して和《こた》ふる歌」という詞書のある次のような麻績王の歌（二四）が収められている。

　　うつせみの命を惜しみ波に濡れ伊良虞の島の玉藻刈り食《は》む

　うつせみは命にかかる枕詞であり、歌の意味は「命が惜しいので波に濡れて伊良虞の島の海藻を刈り取って食べている」といったところである。なお、「伊良虞の島」となっているのは、往時は伊良湖岬全体が半島から切り離された島であったからである。「トンボロ」と呼ばれる砂州により半島と繋がり陸繋島になったのは何時頃かは分からないが、それほど太古のことではない。

　ところで、麻績王が伊良虞に流されたのは何故であろうか。『日本書紀』には「天武天皇四年（６７５）に三位《さんみ》麻績王は罪有って因幡《いなば》国（鳥取県）に流され、一子は伊豆の島に一子は血鹿《ちか》の島（何処か）に流された」と記されている。よって麻績王の配流は史実と思われるが、その理由は不明であり、配流の地も『万葉集』の詞書とは違っている。これは一体何を意味するのであろうか。

　壬申の乱（６７２年）により帝位を簒奪《さんだつ》した天武天皇は、皇親政治と称される政治体制を敷くとともに、皇族や豪族の所有する部曲《かきべ》（民部《かきべ》・家部《やかべ》）と呼ばれる私有の部民《べのたみ》を廃した。皇親政治は、皇族が諸氏族の頂点に立つように、天皇が皇族の頂点に君臨する体制である。天武朝の頃には二位とか三

位の位を有する皇族が多く出現し、麻績王も三位という高位の皇族であった。また、麻績という名に示されるように、麻績王は麻草《あさお》を績《う》む（紡《つむ》ぐ）技術を有する部民を大量に所有していたのではないか。天武四年から六年に有力な皇族や豪族が流罪などにより追放されている。そのような状況下で麻績王一族も無実の罪を着せられて流罪に処せられ、歴史から抹殺されたのではないか。

なお、『万葉集』巻一には持統天皇の行幸《ぎょうこう》に従って伊勢を旅する恋人のことを想って柿本人麻呂の詠んだ「潮騒に伊良虞の島辺《しまへ》漕ぐ舟に妹乗るらむか荒き島廻《しまみ》を」という歌（四二）も収められている。

また、平安末期の文治二年（１１８６）に東大寺再建の勧進《かんじん》のために伊勢から奥州へ向かう折に伊良湖を訪れた西行は、『山家集』に次のような歌（一三八九）を残している。

巣鷹《すだか》渡る伊良胡が崎を疑ひてなお木に帰る山帰《やまかえ》りかな

この歌の詞書きには、「二つありける鷹の、いらごわたりすると申しけるが、一つの鷹はとどまりて木の末にかかりて侍《はべ》ると申しけるを聞きて」と記されている。「二つありける鷹」というのは、サシバのように渡りをする鷹と、ノスリなどのような周年生の鷹との区別を指すものと思われる。

サシバは春に東南アジアから日本に渡って来て繁殖し、秋には大群で南へと帰って行く。サシバの渡りで最も有名なのがこの伊良湖岬である。西行が伊良湖を訪れた時には既にサシバが空を旋回していたと思われる。しかし、南へ飛び立つには未だ早いと思ってか、山帰りと呼ばれる羽毛の抜け替

わった鷹が山の木立の中へと消えて行った情景を詠んだのであろう。

伊良湖岬を後にして、かつては田原街道と呼ばれた国道２５９号線に入った。程なく左手の海岸沿いにあるホテル「伊良湖シーパーク＆スパ」の前に出る。このホテルの前の広い庭園に「柳田国男逗《とう》留《りゅう》地《ち》」と刻まれた大きな碑がある。もちろん、かつて柳田が逗留したという家は疾《と》うの昔に取り壊されてしまっており、当時のことを偲ぶものは何も残ってはいない。

このホテルの直ぐ先の宮下の交差点を左折すると、「磯丸《いそまる》園地」と呼ばれる公園がある。「無筆《むひつ》の歌詠み」として知られた漁夫歌人の糟谷《かすや》磯丸は、明和元年（１７６４）にここ伊良湖村で生まれた。磯丸が和歌の道を志したのは、伊良湖村宮山にある伊良湖神社に参詣する旅人から心惹かれる歌を聞かされてからであったという。

やがて、磯丸の噂《うわさ》は隣村の郡《こおり》奉行の井本彦馬常蔭の知るところとなり、歌の手ほどきを受け、磯丸という名を授けられた。四十一歳になった磯丸は京都の歌人である芝山持豊の知遇を得て益々歌の世界が広がり、その名は全国に知られるようになったが、嘉永元年（１８４８）に八十五年の生涯を終えた。

園地に入り丘陵を少し登ると、正面に午後の太陽の光を背に受けて大きな歌碑が佇んでいる。吉田（現豊橋市）の女流歌人であった林織江が伊良湖に遊んだ折の紀行文である『伊良古之記』の中で新

之丞（磯丸のこと）の歌として紹介されている次のような歌が刻まれていた。

　　夏ころもきてもみよかしいらこ崎涼しき浪のよるの月かげ

　この辺り一帯は旧伊良湖村の集落の中心であったそうであるが、旧陸軍の伊良湖試砲場の設置にともない百十四戸全戸の移転を命ぜられた。明治三十九年（１９０６）にあわただしくこの地を去り、村の東に広がる宮山・高山・萩山の山塊の東側の地へと移村したのである。同時に、宮山の中腹に鎮座していた貞観《じょうがん》十七年（８７５）草創と伝えられる伊良久大明神を祀る「伊良湖神社」も高山の東麓へと移されたのである。かつて磯丸が「明神の石の斜段でながむれば沖で漁師が舟をこぎます」と詠んだのは、宮山にあった旧伊良湖神社の参道の石段であろう。現在、磯丸の歌碑の直ぐ傍には昭和六十二年（１９８７）に磯丸園地が整備された折に建立されたという「伊良湖村墳墓旧跡之地」と刻まれた大きな記念碑が立っている。

　当初、砲弾は伊良湖に設置される射場から福江漁港の西に位置する小中山《こなかやま》の方へ向けて発射させる予定であったというが、砲弾は時計回りに右に回転しながら飛んで行くので、接地すると右へそれる。それ故、砲弾の進行方向の右手に海があるようにするため、射場は小中山の西方に設置されたのである。したがって、本来は伊良湖射場ではなく、小中山射場と称すべきであった。因《ちなみ》に、三島は小説『潮騒』の中で「小中山射場」と正確に書いている。

少し寄り道になるが、ここから北へ数㎞の地にある戦争の記憶の残る小中山射場跡を訪ねることにした。磯丸園地より西ノ浜と呼ばれる海岸に出た。ここから小中山北端の立馬崎まで左手に白い砂浜と青い海、右手に松林が延々と続く、往時はこの松林の中を砲弾の飛ぶ射線が貫いていたそうである。風力発電用の風車が何基も立ち並ぶ傍らを通り過ぎ、中部電力渥美火力発電所の先を右折して内陸へと入ると、程なくキャベツ畑の中に5ｍ四方、高さは優に20ｍはあろうかと思われる六階建ての鉄筋コンクリート製の建造物が目に入る。建物の三面には各階に四角の窓が縦一列に並んでいるだけの不気味な佇まいの砲弾の観測塔である。その前を走る小道を挟んでコンクリート製の平屋の建物が併設されている。聞けば無線連絡用の施設であったという。通りすがりの人たちに砲台のあった場所を尋ねたが、分からなかった。

　砲台から発射された砲弾は、伊良湖岬突端の小山を飛び越し、遥か先の海に着水したそうである。その弾道を監視するのが岬の先の海に浮かぶ神島の東斜面に建てられた「監的哨《かんてきしょう》」と呼ばれる施設であった。小説『潮騒』の中でヒロインの初江と新治が焚火《たきび》を挟んで裸で向かい合うのは、この監的哨（小説では観的哨）の廃墟の中である。三島が最も健康的な愛の舞台に旧陸軍の軍事施設を選んだ意図は何であったのかは知る由もないが、後に陸上自衛隊市ヶ谷駐屯地で自決したショッキングな事件を思い出さずにはいられない。

　後述するように、この射場が整備されてから三十三年後の昭和十四年（１９３９）に知多《ちた》半島の師《もろ》崎《ざき》から船で伊良湖を訪れた種田山頭火《たねださんとうか》は「砲声爆音がたえない、風、波、時勢を感じる、非常時日本

「芭蕉句碑」

である」と書き残している。時は正に日米開戦の二年半前であった。

この観測塔が建てられたのは何時のことかは知らないが、このまま朽ちるのにまかせておくのであろうか。平成二十七年（２０１５）は、あの忌まわしい太平洋戦争終結七十周年の年である。国家主義者の牛耳る今日の日本では、この廃墟を戦争の記憶として後世に伝えようとする気運さえ生まれてこないのであろうか。

昨日までの小春日和も終わり、程なく雨になりそうな雲行きの中を宮下で国道２５９号線に入ると、直ぐに「芭蕉園地」の前である。小さな公園の中央には大きな碑があり、次のような芭蕉の句が刻まれていた。

鷹一つ見つけてうれし伊良湖崎

後で触れるように、貞享《じょうきょう》四年（１６７８）に江戸を立ち故郷の伊賀上野へと旅立った芭蕉は、渥美半島の保美《ほび》村に隠棲していた愛弟子《まなでし》の坪井杜国《つぼいとこく》を訪ね、伊良湖に吟行の杖を運んだ。これはその折の句で、『笈《おい》の小文《こぶみ》』に収められている。鷹一つとは愛弟子杜国を指すともいわれる。この句は前述した西行の歌の丁度五百年後に詠まれたことになる。小川雅魚が『潮の騒ぐを聴け』の中で、「この句は西行の歌のいわば五百年後のこだまである」と書いているのはそのことを述べたのである。

この地方の俳人たちは、保美で没した杜国の百年忌の追善供養を寛政元年（１７８９）に催し、同五年にこの句を刻んだ「芭蕉翁之碑」を建立した。この句碑は「鷹見塚」として知られている。今、目にしている芭蕉園地の句碑は鷹見塚の隣の地に昭和五十八年（１９８３）に新しく建立されたものである。

次いで、保美にあるという杜国の隠棲《いんせい》していた閑居跡を訪ねることにし、再び国道を北東へ向かった。保美まではほんの数kmである。保美の交差点の直ぐ先の細い道を右折すれば、目指す「杜国公園」の前である。

この辺りがかつての保美村で、字下地《あざしもじ》の畑中に「杜国屋敷址」の石柱が立っていたが、昭和六十三年（１９８８）に芭蕉来訪三百年を記念して「杜国公園」として再整備されたという。30㎡以上はあろうかという矩形《くけい》の敷地の公園の入り口にはその石柱が立ち、公園の左手には山茶花《さざんか》の植込みに囲まれて大きな句碑が立っている。「旧里《ふるさと》を立去《たちさ》りて伊良古《いらこ》に住侍《すみはべ》りしころ」という前書きに続いて、次

のような杜国の句が刻まれていた。

春ながら名古屋にも似ぬ空の色

杜国は名古屋の御園《みその》町で町総代を務める大きな米穀商を営んでいた。貞享元年（１６８４）に『野ざらし紀行』の旅に出た芭蕉は、冬の一箇月余りを名古屋で過ごした。この間に歌仙五巻が興行され、杜国も連衆《れんじゅ》の一人として加えられ、その才能を芭蕉に認められたという。この折の「冬の日五歌仙」は、名古屋俳壇の中心であり、連衆の一人であった山本荷兮《かけい》により芭蕉七部集の第一集『冬の日』として編集・出版された。

嵐山光三郎は『悪党芭蕉』の中で次のように書いている。『冬の日』の歌仙を読めば、杜国が如何に秀れた感性の持ち主であったかが分かる。それと同時に、杜国は女にしたい程の美貌の若衆で、芭蕉はたちまち心を奪われた。芭蕉のこのような衆道《しゅどう》と呼ばれる男色の性癖は俳句愛好家の間では禁句となっている。しかし、江戸時代には衆道はそれほど破廉恥な行為ではなかったようで、五代将軍綱吉には百人以上の衆道若衆がいたことでも分かるように、近世日本の文化であったのかもしれない。

ところが、杜国は貞享二年（１６８５）に尾張藩では御法度である「米延商《こめのべあきない》」（いわゆる空売《からう》り）の罪により家財没収の上、領地追放の刑に処せられ、渥美の畑ヶ村(畠村)へ追放された。杜国は畑ヶ村の西の保美村で名を南彦左衛門と改め、野人と号して隠棲したのである。

杜国の夢を見て泣いたという程に杜国を愛していた芭蕉は、貞享四年（１６８７）に『笈の小文』の旅に出たが、尾張の鳴海《なるみ》（現名古屋市緑区）から門人の越智越人《おちえつじん》を伴って十五里の道を引き返し、吉田から保美にある杜国の閑居を訪れて侘住まいを慰めたという。

なお、『笈の小文』は杜国の流されていた伊良湖に立ち寄り伊賀上野にある実家に帰るまでの前半と、翌元禄元年（１６８８）に芭蕉の実家を訪ねて来た杜国を連れて奈良・吉野・明石・須磨・神戸・京都を巡る後半の旅の紀行文である。芭蕉はこの度の道すがら書き残した短い紀行文の草稿を大津の門人であった河合乙州《かわいおとくに》に預けておいた。芭蕉がこれを乙州以外の人に見せなかったのは、この旅が杜国との秘密の紀行であったからである。芭蕉は、この旅の六年後の元禄七年（１６９４）に五十一歳で亡くなるが、『笈の小文』は乙州の手で編集され、やっと宝永六年（１７０９）に刊行されたのである。

世をはばかり落魄《らくはく》の身を嘆きながら故郷のことを思いつつ余生を保美で送った杜国は、元禄三年（１６９０）に三十余歳で生涯を終えた。杜国の墓碑は保美の近くの福江にある曹洞宗燐江山潮音寺《りんこうざんちょうおんじ》の境内にあり、芭蕉が越人を連れて杜国を訪れた折に三人が詠んだという「師弟三吟の句碑」と並んでいるという。

その潮音寺の山門をくぐり広い境内に入ると、正面の大きな本堂の左手の奥に小さな杜国の墓碑がある。高さ60㎝程の墓石に刻まれた文字は判読できない程に風化していた。

墓碑の右手後方には杜国を慕う地元の有志により明治二十八年（１８９５）に計画され、大正十年

（１９２１）に万菊社同人により完成されたという大きな師弟三吟の句碑がある。かつては「連句碑」と呼ばれたように、次のような連句の最初の三句である発句《ほっく》（五・七・五）、脇句《わきく》（七・七）、第三句（五・七・五）が刻まれている。「はせを」とは芭蕉、「野人」とは杜国のことである。

麦生えて能《よき》隠れ家や畑村　　はせを
冬をさかりに椿咲くなり　　越人
昼の空蚤《のみ》かむ犬の寝かへりて　　野人

墓碑の左脇に立つ解説文の碑は平成四年（１９９２）に建立されたもので、前述したスズキコユミの刻んだ碑であるという。その裏面には斉藤撫石撰文・高平泉山揮毫とあり、最後に福江港鈴木石屋本店と彫られている。福江港の近くに鈴木石屋本店があるので、スズキコユミとの関連を尋ねるために立ち寄ったが、あいにく店は休みであった。

潮音寺の境内にはこの他にも句碑や歌碑があることで知られている。境内の向かって左にあるコンクリート造りの堂宇の前には前述した自由律俳人として知られた山頭火の句碑が立っている。大きな花崗岩の碑には次のような二句が刻まれている。

あの雲がおとした雨にぬれている

波音の墓のひそかにも

昭和十四年（１９３９）の春、山頭火は知多半島の師崎《もろざき》から船で福江港に着き、「あちこち探して、よさそうな宿」と呼んだ港の近くの古田《こだ》にある「吉良屋」に泊まり、翌日は潮音寺を訪れて杜国の墓に詣でたという。それから伊良湖岬を訪れ、「岬の景観はすばらしい、句作どころぢゃない、我れ人の小ささを痛感するだけだ」と書き残している。句作どころじゃないと語りながらも、「風は海から吹きぬける葱《ねぎ》坊主」、「岩鼻ひとつふきとばされまいぞ」など、この地の風の凄《すさ》まじさを詠んだ句を残している。

山頭火の句碑の左には情熱の女流歌人として知られた柳原白蓮《やなぎはらびゃくれん》の歌の碑が立っていた。白い縦長の花崗岩の碑に黒い矩形の大理石がはめ込まれ、独特の字体で次のような歌が刻まれていた。この歌碑もスズキコユミの手になるものである。

南無帰依仏まかせまつりし一筋の心としらば救わせたまへ

歌人の柳原白蓮がこの潮音寺を訪れたのは、永畑道子の小説『恋の華・白蓮事件』などに描かれている白蓮こと柳原燁子《あきこ》の波乱に満ちた生涯とは無関係ではないように思われる。

燁子は明治十八年（１８８５）に華族の柳原前光《さきみつ》と柳橋の芸妓おりょうとの間に生まれ、直ちに前光の正妻の子として入籍された。小学生のころに北小路随光《よりみつ》の養女となり、十六歳で随光が女中に生ませた子と結婚させられて男子を出産するが、二十歳で破婚となり柳原家に幽閉の身となり、やがて東洋英和女学校に入れられた。この頃、燁子は佐佐木信綱のもとに入門して歌の指導を受け、信綱から「白蓮」と名乗るようにすすめられたという。

明治四十三年（１９１０）、二十五歳になった燁子に九州の筑豊炭田で炭鉱を経営する二十五歳も年長の伊藤伝右衛門との再婚話が持ち上がった。燁子が類い稀な美人で、旧公卿の家柄であったことから、伝右衛門はこの結婚を強く望んだという。燁子も巨万の富を有するこの男と一緒になり、自由に生きるのも一策と思ったのであろうか、翌年、二人の結婚が行われ、二十六歳の燁子は伝右衛門の住む福岡へと移り住んだのである。

大正七年（１９１８）に大阪朝日新聞に『筑紫の女王・燁子』が連載された。これが縁で、同九年に孫文の革命運動に生涯を捧げた宮崎滔天《とうてん》の子竜介と出会い、たちまち恋に落ちた二人は同十年に駈け落ちを決行する。しかし、燁子は柳原家で監禁の身となり、翌年に長男香織《かおり》を出産した。

当時、姦通罪は被害者である夫の告訴を必要とする「親告罪」であった。燁子の父柳原前光の妹である愛子《なるこ》（二位局）は明治天皇の側室として大正天皇を生んでおり、大正天皇と燁子はいとこ同士と

いうことになる。時の天皇のいとこである燁子を不倫の名目で法廷に立たせることなど到底できなかったであろう。大正十二年（１９２３）に発生した関東大震災を機に燁子は宮崎家の人となり、宮内省は燁子を華族から除籍し、翌年には長女蕗苳子《ふきこ》が誕生した。

　早稲田大学に入学した長男の香織は、志願して学徒出陣中の昭和二十年（１９４５）八月十一日に特攻隊基地であった鹿児島県鹿屋《かのや》で米軍機の攻撃を受けて戦死してしまった。嘆き悲しむ燁子は、戦後平和運動に参加して悲母の会を結成し、後に世界連邦婦人部の中心メンバーとして活動した。

　燁子は昭和二十七年（１９５２）五月に潮音寺を訪れて講演をしているが、平和運動の一環であったのかも知れない。歌碑に刻まれている歌はその折に詠んだものと想像される。数奇な運命を辿った燁子が仏に帰依して魂の救済を求めたのであろう。

　なお、この折に詠んだと思われるもう一つの歌が歌集『地平線』（ことたま社、１９５９）に残されており、「玉藻《たまも》かる蜑《あま》が居《お》るなり万葉の昔の人が見し姿して」とある。燁子が渥美半島の伊良湖という僻陬《へきすう》の地の浜辺で見かけた海藻を採る貧しい海人の姿は、万葉の時代に伊良湖岬へ流された麻績王の姿にダブって見えたのかも知れない。

　そういえば、平成二十六年（２０１４）のＮＨＫ朝の連続ドラマ『花子とアン』の中で、柳原燁子は「葉山蓮子《はやまれんこ》」という名で登場し、高視聴率を記録したのが記憶に新しい。登場人物たちの名前を少しずつ変え、史実を少々脚色して面白おかしく描くのは如何なものかと思うこと頻《しき》りである。

参考文献

1　林　英夫監修『日本歴史地名大系23　愛知県の地名』平凡社　1981
2　山下　昇編著『フォッサマグナ』東海大学出版会　1995
3　小川雅魚『潮の騒ぐを聴け』風媒社　2014
4　嵐山光三郎『悪党芭蕉』新潮社　2006
5　永畑道子『恋の華・白蓮事件』新評論　1982

2

江川太郎左衛門英龍と反射炉

静岡県の東部に位置する伊豆半島北部の中央には「韮山《にらやま》」という少し珍しい地名が残されている。この辺り一帯は古代より旧分国名伊豆国の田方《たがた》郡に属していたが、明治二十二年（１８８９）の町村制施行に伴い韮山村が成立した。昭和三十七年（１９６２）には町制が施行されて韮山町となったが、「平成の大合併」により同じ田方郡に属する大仁《おおひと》町および伊豆長岡町と合併して「伊豆の国市」という風変わりな名称の市となった。

この韮山という地名が日本史に登場するようになるのは、天保六年（１８３５）に江川太郎左衛門英龍《ひでたつ》（坦庵《たんなん》と号す）が江戸幕府の韮山代官に就任してからであるといってもよい。坦庵は同十三年（１８４２）に砲術や洋学を教える「韮山塾」を開くとともに、安政元年（１８５４）に韮山の南の鳴滝《なるたき》に鉄製の大砲を鋳造するための「反射炉」を築造したことで知られる。

反射炉というのは鉄などの金属を精錬するための熔解炉である。従来の熔解炉は、炎が直接材料の銑鉄《せんてつ》にあたるので、炎の中の炭素が鉄の中に入り材質を脆弱《ぜいじゃく》にさせる。また、硫黄を含む石炭を燃料に使用すると、鉄が硫黄と接触してその含量が高くなりやはり脆《もろ》くなる。そこで、炎が直接銑鉄と接触しないようにするために、炉の内部は石炭などを燃やす燃焼室と銑鉄を熔かす加熱室とに分離されていた。燃焼室で発生した炎と熱は炉の天井に沿って加熱室へと流れ、天井でその熱を反射させて銑鉄を熔解させる構造になっていたので反射炉と呼ばれた。

江川坦庵らにより築造された韮山の反射炉は鉄製砲の製造では、それ程の成果を上げ得なかったようであるが、現在では欧米にも存在しない産業記念物として貴重な史跡となっている。つい最近、韮

山反射炉は『明治日本の産業革命遺産　九州・山口と関連地域の構成資産』の一つとして世界文化遺産に登録され、連日多くの見学者たちで賑わっているそうである。そんなこともあって韮山反射炉を訪れ、この反射炉の築造に心血を注いだ坦庵の活躍を紐解いてみることにした。

先ず最初に韮山に残る往時の江川邸を訪れることにした。平成二十七年（２０１５）、春日《はるひ》の照れる中を東名高速道路の沼津インターで下り、近くの三嶋大社の南から天城峠を越えて下田へと続くかつての下田街道である国道１３６号線を数㎞余り南下し、八坂神社の交差点を左折すれば韮山高校の前に出る。その東には中世韮山城の本城の置かれた龍城山《りゅうじょうざん》と呼ばれる丘陵地がある。その中央に本《ほん》曲輪《くるわ》が置かれ、そこから北に向かい二ノ曲輪、次いで権現曲輪と続き、さらにその先端部に三ノ曲輪を構える連郭式の縄張りを残している。御座敷と称された城主の居館は、韮山高校の校庭に位置していたようである。

北条早雲は明応二年（１４９３）に駿河から伊豆に侵攻し、韮山に置かれていた足利氏の拠点である堀越《ほりごえ》御所を攻略し、やがて韮山城を整備した。早雲により整備された本来の韮山城は、この龍城山の東南に広がる天ヶ岳（標高１２８ｍ）一帯にあったという。天ヶ岳から四方に派生する各尾根の先端には前述した本城、江川砦（江川曲輪とも）、土手和田砦、和田島砦を配する大規模な戦国時代の複合式郭《くるわ》であった。その本城の東にある城池の東に江川邸はある。ここはかつての江川砦の置かれた地であるという。

清和源氏の源満仲の次男であった宇野頼親を祖とする江川氏は、保元の乱（１１５６年）に敗れて従者とともに伊豆に逃れてきて、韮山に居を定めたと伝えられている。その後、平治の乱（１１５９年）で敗れた源頼朝が韮山の西に広がる蛭島《ひるがしま》（蛭ヶ小島とも）に配流となり、挙兵までの二十年をこの地で過ごした。江川家十代の治長は治承四年（１１８０）の頼朝の挙兵に参戦し、江川庄を与えられて鎌倉幕府に仕えた。

室町時代に入り、二十一代英信は家名を宇野から江川と改め、やがて早雲が伊豆に進出すると、二十三代英住は北条氏の配下に入った。早雲の死後、その子氏綱は相模国の小田原に本拠を移したために、韮山城は伊豆を治める支城となった。

戦国時代末期の天正十八年（１５９０）に秀吉による小田原城攻略が始まると、二十七代英吉は北条氏親の守る韮山城に入り籠城した。しかし、英吉の子二十八代英長は家康の配下に入り、家康の命を受けた千利休とともに北条氏との和議に尽力した。その功により慶長元年（１５９６）に家康から五千石支配の代官を命じられた。

寛永九年（１６３２）に英長が没し、二十九代英政、次いで三十代英利が代官職を世襲するようになると、太郎左衛門が襲名となった。三十三代英彰（世襲代官五代）は宝暦八年（１７５３）に伊豆・相模・甲斐・伊豆諸島六万石の支配を命じられた。三十四代英征《ひでまさ》が寛政四年（１７９２）に没し、三十五代英毅《ひでたけ》が跡を継いだ。英毅は名代官の誉れが高く、博学多識で多くの文化人との交友があり、その子英龍に大きな影響を与えたといわれている。

江川太郎左衛門英龍は字《あざな》を九淵《きゅうえん》といい、坦庵と号した。享和元年（１８０１）に英毅の次男として韮山で生まれたが、文政四年（１８２１）に兄が没したので嫡子となった。同六年に旗本北条氏征の娘越《えつ》と結婚し、天保六年（１８３５）に家督を継いで三十六代韮山代官（世襲代官八代）となり太郎左衛門を襲名した。この時点の支配高は伊豆・駿河・相模・武蔵の天領（徳川幕府直轄領）七万八千余石であったが、同九年（１８３８）には甲斐を加えて八万四千余石となった。

このように江川氏は世襲代官という特殊な旗本として広大な天領を支配したが、その俸禄はわずか百五十俵四人扶持《ぶち》に過ぎなかったというから驚きである。これは一体どのくらいの年収になるのであろうか。幕府では一俵の切米《きりまい》（俸禄）は玄米で三斗五升と定められていたので、百五十俵というのは五十二石五斗ということになる。次に扶持《ふち》というのは武士が身の回りの世話をする小者《こもの》（従者）を雇うために本給とは別に支給される手当のことである。幕府では一人扶持というのは一日に玄米五合が支給されるので一年では一石八斗となり、四人扶持は七石二斗になる。従って百五十俵四人扶持というのは約六十石程になる。

なお、坦庵は天保十四年（１８４３）に鉄砲方を兼帯（兼任）することになったので、足高《あしだか》三百五十俵および役料二百俵が追加された。これは「足高の制」と呼ばれ、八代将軍吉宗により定められた制度である。各役職には標準家禄が定められており、それより小禄の旗本が任命されると、不足高が加給されるのである。これにより坦庵の俸禄は七百俵となり、二百四十五石ということになる。役料二百俵は弘化元年（１８４４）に鉄砲方を解任されたことにより召し上げとなるが、足高はそのまま

であったので、嘉永六年（１８５３）に勘定吟味役格で登用されるまでの坦庵の俸禄は五百俵、つまり百七十五石ということになる。

余談はさて置き、韮山高校を過ぎると、「韮山郷土史料館」および「江川邸」の駐車場に到着する。郷土史料館には国の重要有形民俗文化財指定の山木《やまき》遺跡出土品などが展示されているとのことで、坦庵と反射炉という主題とは関連がなさそうな気がして直ちに江川邸へ向かうことにした。

屋敷を取り囲む掘り割りに架かる橋を渡ると、正面に本瓦葺切妻屋根の表門が姿を見せている。邸内には建坪百三十坪（約５５０㎡）の主屋と茶室を初めとし、離れ屋敷、武器庫、米蔵などの建物が並んでいる。主屋は昭和三十三年（１９５８）に民家としては我が国最初の重要文化財に指定され、さらに平成五年（１９９３）には主屋に付属する書院などが三千六百坪（約１２、０００㎡）に及ぶ敷地と共に重文に追加指定された。また、重要文化財を含む江川邸一帯は韮山役所跡として国の史跡に指定されている。

掘り割りを渡った右手一帯は枡形《ますがた》と呼ばれる矩形の広場

伊豆の国市韮山《にらやま》に残る「江川邸主屋（国重文）」

となっている。一般に枡形というのは、城郭の虎口《こぐち》（出入り口）を指し、二つの城門に挟まれた防御構造である。しかし、この枡形は防御構造の体を成してはおらず、おそらく代官が供を連れて外出するための供揃えの際に使われたのであろう。幕末には農兵の訓練場としても利用されたといわれる。

その広場を右手に見ながら進むと、元禄九年（１６９６）に建立されたという本瓦葺切妻屋根の三間一戸の薬医《やくい》門の前に出る。文政六年（１８２３）に補修が行われ、平成十二年（２０００）には屋根の葺き替えと修理が行われたという。大きな屋根を支える太い柱が印象的である。

その表門の先には銅板葺単層入母屋造りの大屋根に千鳥破風の付いた玄関のある主屋が静かな佇まいを見せている。主屋は桁行《けたゆき》十三間（約24ｍ）、梁間《はりま》十間（約18ｍ）、高さ七間（約12ｍ）の豪壮な建造物である。建物は背後の山崩れなどにより再三にわたり土台を上げる改築を繰り返したといわれ、創建年代は明らかではないが、単層入母屋造りの形式は北条氏の時代に完成し、近世に入り式台や玄関を付け、間取りを三河旗本屋敷の形態にしたという。昭和三十三年（１９５８）の解体修理の折に、大屋根は今後の葺き替えの費用を考えてのことであろうと思われるが、総茅葺きから現在の銅板葺きにされたそうである。

表門をくぐり抜けた右手一帯は現在は梅林となっているが、かつては代官所の建物があった場所といわれる。ここを通り抜けて主屋の裏口より広い土間に入った。土間は五十坪程（約１６０㎡）の広さがある。見上げると、天井板が張られていないために高さ12ｍにも及ぶ大屋根を支える屋根裏の小《こ》屋組《やぐ》みと呼ばれる架構に圧倒される。かつてここを訪れた建築家の白井晟一はこの架構を見上げ、

「茅山《かややま》が動いてきたような茫漠たる屋根と大地から生え出た大木の柱群、ことに洪水になだれうつごとき荒々しい架構の格闘と、これにおおわれた大洞にも似る空間」と表現しているが、誠に正鵠《せいこく》を射た表現である。

なお、土間から屋根裏を見上げると一番高い所に木箱があるというが、よく見えない。箱の中には日蓮直筆の棟札が納められているという。十六代英親は伊東に流されていた日蓮を弘長元年（１２６１）に江川邸に迎えたそうである。この時、家屋の修築をしていた英親は日蓮より棟札を贈られた。その霊験により江川邸は火災に遭ったことがないと伝えられている。

土間の突き当たりの式台から「中の蔵」と呼ばれる部屋に入ると、右側には「台所」、左手は「控の間」に続き「使者の間」があり、そこを過ぎると玄関に出る。一段低い式台からは先程くぐってきた表門を望むことができる。玄関の先には坦庵が高島流の砲術の講義をした十八畳余りの「塾の間」がある。

坦庵は韮山代官としてその能力を発揮すると同時に、海防問題にも深い関心を寄せた。幡崎鼎《はたさきかなえ》、渡辺崋山《かざん》、高野長英《ちょうえい》らの蘭学者たちとの親交を通して西洋の事情を知るにつれ、日本にとって海防が不可欠であるとの思いを深くし、そのために西洋砲術の導入と普及の必要性を痛感したという。天保八年（１８３７）の頃、坦庵は崋山から長崎にいる高島秋帆の砲術のことを教えられ、自ら長崎遊学を志したが、許されなかった。

秋帆は、清国が１８４０年（天保十一）の「アヘン戦争」によりイギリスに屈したことを知り、幕

府に洋式砲術採用の急務を説いた。坦庵は天保十二年（１８４１）に江戸に出府して来た秋帆の門人となり、徳丸原《とくまるがはら》で行われた西洋砲術の演習に参加した。

秋帆から砲術の免許皆伝を授けられた坦庵は、天保十三年（１８４２）に幕府から西洋砲術伝授を許され、高島流砲術を伝える塾を開いた。坦庵は出府中の折には本所南割下水《ほんじょみなみわりげすい》（現墨田区本所）にあった韮山代官所江戸役所で、また韮山に在る時には江川邸で教授された。

興味深いことに、坦庵の最初の門人は松代《まつしろ》藩士の佐久間象山《しょうざん》とされている。象山は天保十三年に韮山に赴くにあたり、操練・大砲の実射・鉄砲の製作・大砲の鋳造技術のすべてを学びとるつもりであったという。傍若無人の天才である象山と幕府の能吏の坦庵とは対照的であった。二人の不和はよく知られており、象山は韮山滞在四十日で江戸へ帰ってしまったらしい。象山は入門が快く許可されなかったことに不満を持っていたという。また、塾の方針が心身の鍛練に置かれていたことを象山は嫌っていたともいわれる。もう一つは坦庵が秋帆に学んだ直後であり、坦庵の学問レベルがそれ程ではなかったことに因るのかも知れない。しかし、坦庵は象山を特別扱いをしなかったそうである。さらに象山は他の塾生との折り合いが悪く、象山が坦庵を誹謗する態度に反感を持たれていたらしい。

象山に次いで入門したのは幕府の能吏として知られた川路聖謨《かわじとしあきら》であり、坦庵が韮山に帰るまでの一箇月程で門人は百人余りに達したといわれる。この頃の坦庵は韮山に居る方が長かったらしく、教授の中心が韮山の方に移ってしまったのは止むを得なかったのであろう。こうして門弟たちのいう「韮山塾」が形成されて行ったのである。

主屋の見学を終えて外に出ると、主屋の西に四棟程の建物が並んでいる。最も左側の建物は西蔵と呼ばれる茅葺きの風変わりな建物であり、正面から見ると将棋の駒のような形をしていることから駒蔵とも呼ばれていた。その右の二棟は南米蔵および北米蔵である。その右の少し小さい建物は武器庫で、小銃や弾丸、砲弾、火薬の原料である硝石や松脂《まつやに》などが保管されていたという。

主屋の直ぐ北には井戸があり、北西部には裏門が見える。この門は文政元年（１８２３）の建築であるというが、門扉はもっと古いもののようで、韮山城の砦の一つである江川曲輪のものであったという。天正十八年（１５９０）の秀吉による小田原攻めの折にはここも激しい攻撃を受けて、門扉には鉄砲玉の跡が多数残されているという。

なお、寛政四年（１７９２）に伊豆の海岸防備の視察の折に江川邸を訪れた老中松平定信はこの裏門越しに見える富士山の美しさに感嘆し、御用絵師の谷文晁《たにぶんちょう》に絵を描かせたという逸話が伝えられている。今日はあいにく少し曇っていて富士を望むことはできなかった。

裏門の直ぐ近くに「パン祖の碑」という奇妙な碑がある。かつて坦庵は配下の柏木総蔵に命じて長崎のオランダ商館に勤めていた者にパンの製法を学ばせたそうである。今日の乾パンのような保存性の高いものを兵糧として用いようと考えていたらしい。邸内にパン窯を作り、天保十三年（１８４２）四月十二日にパンを焼いたことから、この日が「パンの日」となっているそうである。昭和二十八年（１９５３）に全国パン協会は、坦庵を「パン祖」として顕彰し、この碑を建立した。碑文は徳富《とくとみ》蘇《そ》峰《ほう》が書いたという。

伊豆の国市中鳴滝にそびえる直交型連双の「反射炉（国史跡）」

三十何年ぶりかに訪れた江川邸を後にし、坦庵がその築造に文字通り心血を注いだことで知られる反射炉を見学するために２㎞程南にある伊豆の国市中鳴滝《なかなるたき》へと向かった。程なく高さ16ｍ程の煙突部分を幾何学模様の鉄骨フレームで補強した直交型連双二基四炉の反射炉の偉容が姿を見せる。

　この反射炉は大正十一年（１９２２）に国の史跡に指定されたが、築造されたままの姿ではなく、安政・万延・明治・大正・昭和と補修が行われてきた。特に、昭和五年（１９３０）に発生した北伊豆大地震により北西炉の二本の煙突の最上部が崩落した。そのままの状態であったが、同三十二年（１９５７）に復元された。その折に鉄骨フレームにより耐震補強がなされ、現在のような姿になった。

　坦庵は幕府に対して海防に関する多くの政策を

建議したが、それらを実現するには鉄製大砲を鋳造するための反射炉が不可欠であった。しかし、幕府が坦庵の建議を採用して反射炉の築造を決定するには、ペリー艦隊の来航を待たなければならなかった。

嘉永六年（１８５３）六月三日にペリーが浦賀に来航すると、老中首座の阿部正弘は直ちに江戸湾内の防衛のために海上に大砲を備え付ける台場を築造することにし、勘定奉行の川路聖謨に相談した。その結果、坦庵を勘定吟味役格海防掛に任じ、台場の築造と大砲の製造を命じた。坦庵は台場の築城箇所を浦賀水道とする案を幕議に諮《はか》ったが、これを短期間で完成させるのは困難であると判断され、品川と深川との間に築造する案に後退した。幕閣たちはペリーの再来航に備えて江戸城とその城下を守ることにしか念頭になかったのであろう。

台場は品川宿の目黒川河口から深川洲崎にかけての沖合に十一基を築くことになった。第一～第三台場および第五・六台場は嘉永六年八月に着工し、安政元年（１８５４）十一月に完成した。因に総工費は七十五万余両であったという。なお、それ以外の台場は財政難で築造されなかった。この品川沖の台場は坦庵の海防構想とは掛け離れていたが、皮肉にも坦庵の仕事の中では最も大規模なものとなった。現在、首都高速11号線の通るレインボーブリッジを背にして第三および第六台場が史跡として保存されている。これらの大きな台場を一年余りで完成させたことに当時の土木技術の優秀性が偲ばれる。

台場の築造工事が始まると、取り敢えず台場に備え付ける大砲の製造が湯島の桜馬場（現順天堂大

学病院付近）で開始された。しかし、これは青銅砲であったために費用がかさみ、幕府の財政を圧迫した。そこで嘉永六年七月に坦庵から提出されていた反射炉を下田に築造するという申請が同年十二月に許可されたのである。

反射炉建設の参考資料となったのは、オランダのヒュゲーニンによって１８２６年（文政九）に著された『リエージュ（ロイク）王立鉄製大砲鋳造所における鋳造法』という著書である。この書籍は天保初年（１８３０）頃に我が国に輸入され、弘化三年（１８４６）より嘉永年間（１８４８〜５４年）にかけて翻訳された。翻訳書として、伊東玄朴ら訳の『鉄熕《てっこう》全書』、金森錦謙訳の『鉄熕鋳鑑図』、手塚謙蔵訳の『西洋鉄熕鋳造編』の三種類が知られていた。

坦庵は逸《いち》早く反射炉築造に関する研究を始め、配下の矢田部郷雲や石井脩三らの努力で嘉永二年（１８４９）にヒュゲーニンの著書を翻訳し直し、『和蘭《オランダ》製鉄炉法』を刊行した。坦庵はこれらの訳本を基にして韮山の邸内に実物の三分の一の大きさの実験炉を築造したというが、成果を収めることはできなかったという。この点に関して芹沢正雄は『たたら研究』二十四号（１９８１）の「本邦洋式製鉄起原法」という論文の中で、三分の一の炉では熔解室が小さく、反射炉の加熱機能からみて銑鉄は熔解できなかったのであろうと述べている。

佐賀藩主の鍋島直正《なべしまなおまさ》（閑叟《かんそう》）は坦庵の反射炉建設に興味を示し、『韮山塾日記』には坦庵と直正は東海道三島宿の本陣で三回も会見した記事が載っているという。佐賀藩は嘉永二年（１８４９）に長崎港外の島々に台場を築造することを企画し、坦庵の教えを請うために本島藤太夫を韮山に派遣して

きた。次いで、直正は台場に備え付ける青銅砲を鋳造するために坦庵の配下の長谷川刑部の派遣を要請してきた。刑部は天保十二年（１８４１）に江戸で雇われた鋳造職人で、当代一の名手であったという。坦庵はこの要請を承諾し、刑部は佐賀で製砲の指導を行った。したがって、この頃の反射炉の研究では坦庵の方が一歩先んじていたことが分かる。

しかしながら、佐賀藩は嘉永三年（１８５０）に大銃《おおづつ》製造方を設置し、築地《ついじ》で反射炉の築造に着手した。翌年には反射炉は竣工し、この炉で青銅砲を製造した。さらに、安政元年（１８５４）には多《た》布施《ぶせ》にも反射炉を築き、鉄製砲の鋳造に成功したといわれる。佐賀藩の実状を知った坦庵は、一日も早く反射炉建設の準備を進める必要性を感じていたことであろう。

韮山の反射炉はどのような経緯で築造されたのであろうか。坦庵は嘉永二年（１８４９）に韮山の邸内に三分の一の大きさの実験炉を造った時から反射炉築造の候補地を物色していた。その条件として次の四点を満足する場所を考えたという。第一は韮山代官所支配地内とした。第二に大砲の砲身の中心に弾道をくり抜く工作機械の動力に水車を利用するので水利の良い所とした。第三に銑鉄や石炭などの資材の搬入および大砲などの製品の搬出可能な地とした。第四に反射炉に付属する建物や住居を建設できる広さがあることとした。

その結果、反射炉の築造場所を伊豆国賀茂郡本郷村の高馬《たこうま》（現下田市高馬）とした。高馬は下田湾から３㎞余り北の稲生沢川《いのうざわ》に面した地であり、一町歩（三千坪、１ヘクタール）程の広さがあったという。付近の山には良質の伊豆石が多く、反射炉の基礎に使用できるという利点があった。

嘉永六年（１８５３）十二月に反射炉の築造が許可されるや否や、翌年の安政元年（１８５４）一月に工事が始められた。一日五百人の大工・石屋・左官などの職人を投じて基礎工事が進められた。先ず基底部より２ｍ余りの深さの土を取り除き、松の杭《くい》を砂利層まで打ち込み、炉の下部に直径15㎝大の栗石《ぐりいし》を幾層にも突き固め、栗石の間には砂利や砂を詰み固めた。その上に50×50×30㎝程の石を三層に敷き詰めた後、地表には伊豆石の切り石を石垣状に積み重ね、炉底部の側面には切り石を積み重ねて補強した。翌二月には基礎工事は完了した。この構造は品川の台場と同じ造りであった。いわゆるウッド・パイルである。

ところが、安政元年三月にペリーが再来航し、「日米和親条約（神奈川条約）」が締結され、これが発端でとんでもない事件が出来した。ペリーの率いる米国海軍の将兵が下田に上陸し、下田の町を散策するようになり、三月末に若い水兵が高馬の反射炉築造現場に現れたのである。

坦庵は反射炉築造は国家機密であると考えたのであろう。高馬に反射炉を築くのを諦め、何処か適地を捜すことにした。その結果、韮山代官所の近くの田方郡中村鳴滝（現伊豆の国市中《なか》鳴滝）に築造することにし、安政元年六月に起工式が行われた。反射炉築造工事は八田兵助の指揮で一日五百人の人足により、昼夜兼行で続けられ、基礎工事が完了した。この上に炉の内部と上層部を耐火煉瓦で積み上げることになる。

鉄の融点は千五百三十五度であり、反射炉には千数百度の高温に耐える耐火煉瓦が必要となる。坦庵はかねてから耐火煉瓦の材料となる粘土を捜していたが、天城峠を越えて河津へ行く途中の梨本村

（現賀茂郡河津町梨本）で白色粘土が産出することを知り、この土を使って千七百度の高温に耐える煉瓦を焼成することに成功した。

この耐火煉瓦を使って連双二基四炉の反射炉の築造工事が急ピッチで進められ、安政元年十月には一番反射炉と呼ばれる東南炉の内の一炉が完成した、

丁度この頃、ロシアのプチャーチンが下田に来航し、日露交渉が行われていた。ところが十一月四日に「安政の大地震」が起き、プチャーチン乗船のディアナ号は坐礁した。プチャーチンは西伊豆の戸田《へだ》（現沼津市戸田）を修復地とする許可を得、十一月二十六日に下田から戸田に向けて出帆したが、潮流により戸田沖を通り過ぎ、富士川の河口沖で坐礁した後、沈没してしまった。

坦庵は直ちに戸田に赴き、代船の建造準備に取りかかった。品川沖の台場築造と平行して反射炉の建設を進めている最中に洋式帆船の建造を同時に進めることになったのである。ところが、安政元年十二月に坦庵は江戸で病に倒れ、翌安政二年（１８５５）一月十六日に急逝した。享年五十五歳であったというが、過労死ではなかったのかと想像する。

反射炉の築造は坦庵の子英敏が引き継いだが、安政地震と安政二年の大風雨により傷口が広がり、英敏は佐賀藩の技師の援助を要請した。この頃の佐賀藩は鉄砲の鋳造に多忙をきわめていたようで、佐賀藩の技師たちが韮山に到着したのは安政四年（１８５７）二月であった。この時点で東南炉の二つの炉はほぼ完成しており、残る北西炉の完成に協力を受けて同年十一月に完成した。六年余の歳月と総工費七千三百十一両（現在の八億円程に相当）をかけて坦庵の悲願であった反射炉はやっと竣工

したのである。

反射炉の西に広がる駐車場に車を止めて反射炉を見学することにした。受付と簡単な展示場のある建物を出ると、目の前に反射炉がそびえ立っている。敷地は約３０００㎡（九百坪余り）であるが、反射炉築造当時の敷地の広さは分からない。かつては反射炉の周辺には、砲身の内部をくり抜く作業のための錐台《すいだい》小屋を初めとし、鍛冶《かじ》小屋、炭置小屋、テール（タールのこと）製作小屋、細工小屋、型乾燥小屋など様々な建物が並ぶ大砲製造工場であった。現在は連双二基四炉の反射炉が残されているだけである。敷地の南東沿いを狩野川《かのがわ》の支流である古川（鳴沢川、鳴滝川とも）が流れており、この川から水を引いて水車を回して動力とした三連錐台があった。

当時の表門は反射炉の北東方向にあったようで、その地に高さ４ｍもある反射炉の碑が立っている。反射炉と江川坦庵を讃える顕彰碑のようで、碑の最上部の篆額《てんがく》は載仁《ことひと》親王の筆になる篆書《てんしょ》で「反射炉碑」と刻まれている。碑という字は碑の旧字体である。その下の碑文は明治四十四年（１９１１）に三島毅《みしまき》（中洲《ちゅうしゅう》）の撰文《せんぶん》を野村素介《のむらもとすけ》（素軒《そけん》）が筆を取り、井亀泉《せいきせん》が刻字したものである。裏には「大正十五年（１９２６）六月反射鑪保勝会建之」とある。

この大きな碑の前には、中央に鋳鉄製のカノン（加農）砲、その両側には青銅製のモルチール砲と呼ばれる短い砲身の臼砲《きゅうほう》が置いてある。

鋳鉄砲は復元モニュメントであり、以前はコンクリート製の大砲が置いてあったそうである。24ポ

ンド（10・８㎏）のカノン砲で、江川家に仕えた長沢家に残されていた図面から復元されたもので、銘板には口径15㎝、長さ３・５ｍ、重さ３・５トンと記されている。最大射程距離２７９３ｍであったという。

右側の臼砲には「伊豆韮山長谷川刑部秋貞造」とあるが、この反射炉で鋳造されたものではないという。前述したように、刑部は天保十二年（１８４１）に坦庵が江戸で雇った鋳造職人であった。坦庵は嘉永《かえい》二年（１８４９）に江川邸内に小規模な反射炉を築造しているので、その当時の鋳造ではないかともいわれる。

左側の臼砲の左右の支えの腕の片方に「大砲鋳造製」とあり、反対側の腕には「三番」とあり、これもこの反射炉製ではないことになる。何故ならば、ここは最初から韮山反射炉と呼ばれていたからである。

反射炉の碑の前から南西方向を望むと、反射炉全体の威容を目にすることができる。左側にある南東炉（南炉とも）二炉とその右側の北西炉（北炉とも）二炉が湯口《ゆぐち》側（熔けた銑鉄などの取り出し口）で直交するように造られているので、直交型連双二基と呼ばれる。南東炉および北西炉ともに炉体部の長さは約６ｍ、幅５ｍで、面積は30㎡（九坪）である。炉体部の外部は伊豆石の切り石を積んだもので、炉内は耐火煉瓦のアーチ積みである。その上の煙突部は耐火煉瓦積みで、全体の高さは15・７ｍという。

煙突は一双が二本、連双で四本より成り、それぞれ独立している。外部から見て耐火煉瓦は下・

中・上段部といい、それぞれの間を肩部と呼んでいる。下段部の煉瓦は五十層、中断部は四十五層、上段部は二十四層、それぞれの間の肩部の耐火煉瓦はいずれも四層で、合計百二十七層に達する。

耐火煉瓦の大きさは22×22×9・1㎝で、一部35×22×9・1㎝のものが使用されているという。一本の煙突に約六千五百枚が使用されているので、四本で二万六千枚ということになる。竣工当時は漆喰《しっくい》で塗られていたが、今は漆喰が剥げ落ち、煉瓦がむき出しになっている。

南東炉と北西炉とが直交し、南東炉北面と北西炉東面との間には「鋳台《いだい》」と呼ばれる鋳型を置く台があったという。縦と横4m、高さ2・7mの松材で作られた箱のようであったが、現在は目にすることはできない。

この鋳台に面した連双二基の四炉にはそれぞれ三つの口がある。一番下部にある小さな口は「湯《ゆ》口《ぐち》」または「出湯口《いでゆぐち》」と呼ばれ、熔解した「湯」と呼ぶ銑鉄を取り出す口である。それより少し上の反対側の小さな口は「出滓口《しゅつさいぐち》」または「滓《のろ》の口」と呼ばれ、湯の上に浮かんでいる滓《のろ》やゴミを取り出す口である。上部中央の大きな四角の口は「方孔《ほうこう》」と呼ばれる覗《のぞ》き窓で、炉内の様子を覗いたり、湯を攪拌したり汲み出したりする口である。これらの口は鉄を熔解している間はどのようにして塞《ふさ》いだのであろうか。

炉床部は外部からは見えないが、湯口側に向かい四度余り傾斜している。半月鉄板を炉底として耐火煉瓦および粘土を敷いて炉床にしたという。半月鉄板は茶筒のような円筒を縦に半分に切断し、弧の部分を上にして横に傾斜して設置してある。この鉄板はヤスリやグラインダーでも歯が立たない程

に固いそうである。反射炉に使用されている平鉄板、炉底の半月鉄板、ロストル（燃料室の下に敷く鉄格子）などの鋳鉄板は敷地内の踏鞴《たたら》場《ば》で鋳造されたと思われる。

なお、この炉底の構造には南東炉と北西炉で違いが見られるという。南東炉は三枚の半月鉄板が直線的に湯口側に向かい傾斜して炉底を成しているが、北西炉は三枚の半月鉄板が湯口側に向かって段違いに設置してあるという。しかし、その理由は不明である。前述したように、北西炉は坦庵亡き後に佐賀藩からの応援を受けて完成されたことから、技術設計に違いがあったのかも知れない。佐賀藩の反射炉の構造が明らかになれば、解明されるかも知れない。

炉内の天井部分は燃焼室から煙道にかけてアーチ型の流線型をしている。このアーチ状が熱反射の重要な条件といわれる。耐火煉瓦の積み方も非常に精密である。燃焼室のロストル上で燃料を燃やし、炎や熱をこの天井で反射させて炉床上の銑鉄を熔かすことから反射炉と呼ばれたのである。

各炉の側面には二つの窓が設けられている。煙突に近い方の大きなアーチ型の窓は「鋳口《いぐち》」と呼ばれ、原料の銑鉄などを入れる口である。手前の燃焼室側には鋳口より小さな方形の窓があり、「焚《たき》口《ぐち》」と呼ばれている。文字通り燃料の石炭や木炭を入れる口である。

反射炉の後方に回ると、各炉の「下焚口《したたきぐち》」が大きな口を開けている。燃料の燃え滓《かす》や灰を取り出す口であると同時に、炉内の空気を吸い込む口である。

では、石炭などをどのように燃やして銑鉄を熔解させたのであろうか。踏鞴《たたら》で送風したという話が残っているそうであるが、反射炉は構造上から炉外と炉内の間に気圧差が生じて下焚口から空気が吸

い込まれるので風を送る必要はなかったのである。川路聖謨《かわじとしあきら》の著した『長崎日記』には、「反射炉というのは、踏鞴を用いずして、一度銑鉄《くずてつ》を吹きて鋳物《いもの》ながら鉄《てつ》を銅の如く柔かになるを以《もっ》て大銃《おおづつ》(砲)を造るなり」と記されている。稼働中の反射炉が実際にどのような音を発したのかは定かではないが、下焚口から空気が吸入され、石炭などの燃え盛る音が辺り一帯にごうごうと轟《とどろ》き渡ったのではないか。

反射炉の鉄の熔解量は、一炉で五百〜七百貫目(約2トン)、一双二炉で一千二百〜一千三百貫目(4トン前後)といわれる。鉄量が１２５０〜１６００kgの６ポンド(２・７kg)砲や８ポンド(３・６kg)砲は一つの炉で、鉄量が３５００kgの24ポンド(１０・８kg)砲や４５００kgの36ポンド(１６・２kg)砲は二つの炉で、さらに大きな１５０ポンド(68kg)砲は四つの炉を全部使って熔解したのであろう。

このようにして鋳造された砲身の中心に錐鑽機《すいさんき》を使って弾道をくり抜くのも大変な仕事であったと想像される。錐鑽機ができるまでは、砲身部分に仲子《なかご》と呼ばれる芯を入れ、最初から中空に鋳造されたが、内部に気泡ができて発射の際に砲身が破裂することが多かったので、錐鑽機を用いる方法に替わったという。

錐鑽機というのは旋盤の一種の中繰盤《なかぐりばん》である。カーボン・スチールと呼ばれる硬い高炭素鋼で作られたバイトという錐《きり》を固定し、水車を動力として砲身を回転させながら弾道をくり抜くのである。韮山の錐台は三連になっていて、三台の錐鑽機を使って同時に三本の砲身を工作できた。

それでは、この反射炉で一体どれ程の数の鉄製砲が鋳造されたのであろうか。ある記録によれば、18ポンド砲が8門、24ポンド砲が47門、36ポンド砲が13門、そして60ポンド砲が9門の合計77門であったという。

前述したように、坦庵は天城峠を越えて河津へ行く途中の賀茂郡梨本村で白色粘土が産出するのを知り、これを用いて一千七百度の高温に耐える煉瓦を焼成することに成功した。この粘土の主成分は硅酸71％、アルミニウムの製造原料である礬土《ばんど》20％であり、耐火煉瓦の製造に理想的な粘土であったという。

坦庵は安政元年（１８５４）に粘土を産する梨本村の沼ノ川に登り窯を築造させ、陶器職人の板垣助四郎を中心にして耐火煉瓦の製造を開始した。耐火煉瓦を作るには先ず粘土を焼いて粉末にし、それを生の粘土と練り合わせ、四角に成型して登り窯で焼き上げた。そのため耐火煉瓦は「焼き石」と呼ばれたのである。

こうして梨本で焼成された耐火煉瓦は下田の高馬に運ばれ、築造場所が韮山へ移されてからは川舟で河津川を下り、河津からは船で海路沼津へと運ばれ、沼津からは再び川舟で狩野川《かのがわ》を遡り韮山へと運ばれたという。なお、一部は牛を使って天城山を越えて運ばれたという。

韮山反射炉の炉壁には、煉瓦の中央部に丸印のあるものと無印のものとが使用されているそうである。丸印のあるものは板垣助四郎が梨本で産する粘土を使って焼いたものであり、無印のものは韮山

河津町梨本《なしもと》に残る耐火煉瓦焼成の登り窯残骸

反射炉の裏にある山田山の粘土を用いて作られたものであるという。なお、耐火煉瓦の生産が間に合わず、梨本の粘土を天城山を越えて韮山に運んで焼成したともいわれる。

反射炉の築造とともに坦庵が苦心して耐火煉瓦を焼いたという天城山南麓の賀茂郡梨本村（現河津町梨本）に残されている登り窯、および坦庵が最初に反射炉を建造しようとした同郡本郷高馬（現下田市高馬）にある反射炉跡を訪ねることにした。

反射炉を後にして再び国道１３６号線を南へと向かった。梨本までは40㎞余りの距離である。程なく大仁《おおひと》で国道４１４号線と合流し、伊豆市修善寺を通って青羽根の出口《でぐち》の交差点で国道１３６号線と分かれ、国道４１４号線を南下した。伊豆市湯ヶ島温泉、続いて浄蓮《じょうれん》の滝の傍を通り、天城トンネルを抜けて河津町へと入った。やがて梨本の河津七滝《ななだる》ループ橋へと至る。

二回転するループ橋の先で国道から県道に入り、河津川沿いを北西へ向かえば河津七滝温泉郷である。名残《なごり》の河津桜が美しい。河津川の支流の萩ノ入川沿いの林道を３㎞余り進むと、萩ノ入川から沼ノ川の分岐する地点である。ここを左折して沼ノ川沿いの林道を１㎞程進むと、「煉瓦の洞《ほら》遺跡」と記された標識に出合う。

ここで車を降りて山道を下り、山葵田《わさびだ》となっている沼ノ川を渡

り山道を右の方へ進むと、左手の斜面に崩れかけた登り窯が二基並んでいる。右手には低い石垣があり、製品の加工場か倉庫があったと思われる。なお、ここから２００ｍ程の地点には明治八年（１８７５）の銘がある山神社《やまがみしゃ》の祠があるという。

手前の登り窯の上部は崩れて失われている。その奥の窯の天井部分はなくなっているが、六段程の各室の隔壁は残っている。焚口に続く最初の室の幅は３ｍ程であるが、上段に行くにつれて幅は広くなっており、最上室の幅は６ｍはある。各室の奥行きは１ｍ程である。天井までの高さは各室とも１・６ｍ足らずである。窯の周囲には白色の耐火煉瓦の破片が散見される。

弘化二年（１８４５）にこの地で白色粘土を発見し、陶器の生産を始めたのは湯ヶ野村の板垣助四郎の先代であったという。坦庵はおそらくこのことを人伝《ひとづ》てに聞き、この粘土を用いて耐火煉瓦を焼成することにし、その製造を助四郎に任せたのであろう。

登り窯の本格的な操業は明治六年（１８７３）以降のことで、明治新政府の工部省製作寮の管轄となり耐火煉瓦を焼いていたものと思われる。当時、梨本で生産された耐火煉瓦は好評であったようで、各地に送られて熔鉱炉の製造や洋風建築に使用されたという。官営による営業は明治十六年（１８８３）まで続けられ、その後はしばらく民営による生産が続けられた。

梨本の煉瓦の洞遺跡を後にし、坦庵が最初に反射炉を築造しようとした下田市高馬に行ってみることにした。再び国道４１４号線に戻り湯ヶ野温泉を通り下佐ヶ野より県道に入り、河津川河口の谷津で国道１３５号線に入り、稲生沢川を渡れば伊豆急下田駅である。その先を右折して稲生沢川の西岸

沿いを２km余り北上すれば、東海バスの「高馬」のバス停である。坦庵はこの辺りで最初に反射炉を建設しようとしたと思われるが、現在は民家が立ち並んでおり、反射炉を築造する程の空き地は見当たらない。突然、「反射炉跡」のバス停が現れた。近所の人に反射炉を築こうとされた地点を尋ねたが、この辺りの何処かであると思われるが、はっきりしないという答えしか返ってこなかった。

坦庵は三十四歳で家督を継いで韮山の世襲代官に就き、驚くべき薄給で支配高数万石に及ぶ幕府直轄領の徴税権と警察権を執行した。こうして行政官としての能力を発揮する一方、早くから海防問題に注意を払い、日本の置かれた立場を深く憂慮した。そのために坦庵は幕府に対して天保期（１８３５～４３年）より弘化・嘉永期（１８４４～５３年）にかけて数多くの建議書を提出したのである。天保期の意見書は伊豆半島の重要性や海軍の必要性、さらには砲台や大砲などの軍備の問題が説かれていた。江戸湾防禦の最大のポイントは浦賀水道の重要性であり、大型軍艦を建造して外国艦を迎え撃つのが海防の第一義であると述べている。

これに対して、弘化・嘉永期の建議書の特徴は伊豆諸島や下田といった海上の要地に関する論議が中心であった。これらの地を外国に占領されると、太平洋岸は海上封鎖されてしまい、当時の廻船の航行は不能となり、全くの消費都市であった江戸の物資は枯渇してしまうと憂慮したのである。

坦庵の海防論は、勝海舟のような評論家的立場からの議論ではなく、実際に現場にある者の立場より論じられており、その実現を目指しているところに特色があった。坦庵の建議書には常に完成まで

の道筋が提示されており、幕府からの下知さえあれば、直ちに着手できるようになっていた。その最も良い例は反射炉の築造と鉄製砲の鋳造であったといえる。

坦庵は韮山反射炉の完成を見ることなく世を去ったが、この大きなプロジェクトの成功は坦庵という幾つかの分野で幅広い知識と技術を有する generalist としての能力に帰するといえるのではないか。すなわち、情報の収集や分析に始まり、人材の確保、実現可能な計画の策定などの総合的な才能が坦庵には備わっていたのであろう。この generalist に如何なる訳語が適切であろうか。その反意語は specialist であり、専門的な才能や知識を有する人を指すことからすると、generalist は総合的な能力を持った人を指すことになる。なお、日本語にある総合職・専門職という職制はこれらから派生した用語であろう。

参考文献

1　仲田正之『江川坦庵』吉川弘文館　１９８５

2　金子　功『反射炉Ⅰ・Ⅱ』法政大学出版局　１９９５

3　「静岡県の地名」編集委員会監修『日本歴史地名大系22　静岡県の地名』平凡社　２０００

4　堀内永人『江川太郎左衛門の生涯』栄光出版社　２０１３

5　山田寿々六『反射炉に学ぶ』蔵屋鳴沢　２０１４増補改訂

3 中世足利学校の興隆

高校の日本史において、足利氏本貫の地であった下野国足利庄（現栃木県足利市）には「足利学校」と称された中世の学校施設があり、武蔵国金沢庄（現神奈川県横浜市金沢区）にあった「金沢文庫」とともに、我が国の教育史上有名な存在であることを知った。特に、足利学校は十五世紀中頃に室町幕府の鎌倉府の関東管領であった上杉憲実《のりざね》により再興されてから盛況を迎え、国の内外に広くその名を喧伝《けんでん》された。

そんなこともあり、何時の日にか足利学校を訪れ、学校が何時頃、どのような経緯で創建され、そこで如何なる教育が実践されていたのかを知りたいと思った。しかしながら、その機会は中々訪れなかった。高校を卒業してから四半世紀を疾《と》うに過ぎた平成二年（１９９０）、宝暦年間（１７５１〜６４年）の絵図などを参考にして近世足利学校が復元されたことを知った。加えて、最近の高速道路の整備は目覚ましく、東名高速道と関越道とが首都圏中央連絡自動車道（圏央道）で結ばれ、静岡県西部から足利市まで五時間足らずで行けるようになったのを機に念願の足利学校を訪れることにした。

やっと秋らしくなった平成二十七年（２０１５）十月上旬の早朝、東名高速道を東へと向かい、海老名ＪＣＴより初めて圏央道へと入った。圏央道は東京都八王子市で中央道と、埼玉県鶴ヶ島で関越道と繋がったこともあり、東名にも増して輸送用の大型トラックの通行量が多いのに驚かされる。今にして思えば、圏央道も東名や名神と同じように高速道路規格で造っておくべきではなかったかと思う。

鶴ヶ島ＪＣＴで関越道に入ると、カーナビは東松山インターで一般道を走行するように指示する。

当初は関越道をそのまま北上し、高崎ＪＣＴで北関東自動車道に入り、足利インターで一般道に出るものと想像していた。確かに東松山インターで一般道に出て、国道４０７号線を北上し、熊谷市を横断する方が距離的には近いが、時間はかかるであろうと思いながら、ナビの指示通りに東松山インターで一般道に出た。

熊谷市の中心地の南で荒川を渡り、埼玉と群馬の県境を流れる坂東太郎として知られる利根川の清流を越えれば、群馬県太田市である。程なく太田市の北で栃木県足利市に入り、利根川の支流である美しい名称の渡良瀬《わたらせ》川を渡れば、日本最古の学校として国の史跡に指定されている足利学校は直ぐそこである。

国道２９３号線を北上すると、左手前方に土塁と濠に囲まれた比較的新しい大きな茅葺きの入母屋造りと寄棟造りの二棟の屋根が並んでおり、一見して復元された足利学校の建物と直感した。国道の右手には観光案内所と土産品販売所になっているＮＨＫ大河ドラマの「太平記館」があり、ここの駐車場に車を止めて足利学校を見学することになる。

濠端に沿って整備された石畳の遊歩道を歩いて行くと、学校の敷地の南にある桟瓦葺きの小振りな「入徳門」の前に出る。この辺りの町並みは、孔子の故郷である中国の昌平《しょうへい》に因んで昌平町と名付けられている。門の軒下に架かる「入徳」と書かれた扁額は、江戸時代後期の天保十一年（１８４０）に掲げられたものである。この門をくぐり抜けると右手に受付がある。

ビデオによる足利学校の説明もそこそこにして、受付の前の広い道を北へ向かった。道の左側には孔子の大きな石像があり、遙か彼方の正面には本瓦葺きの「学校門」が見える。白い文字で「學校」と書かれた扁額の掲げられたこの門は、寛文八年（１６６８）の創建で、足利学校のシンボルとして江戸時代から今日まで継承されてきた。なお、学校という言葉は儒教の経典である四書（大学・中庸・論語・孟子）の中の「孟子」に出てくる。この門をくぐり校内に入ると、正面に孔子廟（聖堂）への入り口である「杏壇《きょうだん》門」が佇んでいる。

左手の奥には洋風の桟瓦葺入母屋造りの「旧遺跡図書館」がある。明治四年（１８７１）の廃藩置県によって同五年には足利藩も配され、学校の施設や蔵書は栃木県の所属となった。その後、明治三十六年（１９０３）に「遺蹟図書館」が開設され、現在の建物は大正四年（１９１５）に建立されたものである。

足利学校には宋時代の漢籍の他に、元・明・朝鮮本や我が国の古写本などの典籍が一万七千余冊あるといわれているが、国宝四種七十七冊、重要文化財八種九十八冊などは、この図書館の北に建てられた収蔵庫の中に収納されており、目にすることは叶わなかった。

なお、この図書館の前には「楷樹《かいじゅ》」と呼ばれる大木が葉を繁らせている。何でも中国の孔子の墓所にある楷樹の種子から育てられたもので、大正十一年（１９２２）にこの地に植樹されたという。

杏壇門の前の右には「字降松《かなふりまつ》」と呼ばれている大きな黒松がある。この木の枝に読めない字や意味の判らない字句などを紙に書いて結び付けておくと、翌日には振り仮名や注釈が付けられていたこと

中国明代の聖廟を模して造営された足利学校「孔子廟」

から、何時しか「かなふり松」と呼ばれるようになったと伝えられている。

正面の桟瓦葺きの杏壇門の軒下には「杏壇」と縦書きされた額が掲げられている。かつて孔子が弟子たちを教えていた所に杏《あんず》の木が植えられていたことに由来するといわれる。この門も学校門と同様に寛文八年（１６６８）に創建されたが、明治二十五年（１８２５）の町の大火により類焼し、明治三十年代に再建されたそうである。

杏壇門をくぐると、正面に本瓦葺重層寄棟造りの「孔子廟」が落ち着いた佇まいを見せ、軒には「大成殿」の扁額が掲げられている。杏壇門と同じ寛文八年に四代将軍徳川家綱により中国明代の聖廟を模して造営されたという。ここで毎年十一月二十三日に儒学の祖である孔子とその弟子たちを祀る「釋奠《せきてん》」と称される儀式が行われる。釋奠という言葉には「供え物を置く」という意味があり、ここ足利学校とともに東京の湯島聖堂、岡山県備前市の閑谷《しずたに》学校、佐賀県多久《たく》市の聖廟などで行われているそうであるが、一体どのような儀式が行われるのであろうか。

孔子廟の中央の御簾《みす》の奥に置かれた質素な木製の厨子《ずし》の

中には、鈍い黒色の木造の孔子坐像が安置されている。なお、気付かなかったが、ここには小野篁《おののたかむら》の像も祀られているそうである。

復元された足利学校の方丈（左）と庫裏

この孔子廟の東側一帯には、昭和五十七年（1982）より「史跡足利学校保存整備事業」が行われ、江戸時代中期の絵図などを参考にして平成二年（1990）に方丈、庫裡《くり》、庭園、衆寮《しゅりょう》などが復元された。

孔子廟を後にして、杏壇門を出て左手に続く白壁の塀に沿って進むと、その先に茅葺きの寄棟造りの大きな方丈が端正な姿を見せる。かつては学生の講義や学習あるいは学校行事や接客用の座敷として使用されていたという。その方丈の前には広々とした南庭園と呼ばれる築山泉水式の庭園があり、鶴がはばたくような形をした池とその対岸に築山が造成されている。

方丈の先には、本瓦葺きの唐破風《からはふ》の屋根の玄関を挟んで、茅葺入母屋造りの庫裡および書院を兼ねた建物が見える。奥に位置する書院からは、方丈の後

さらに足利義兼創建説は、江戸時代末期に篠崎惟章《これあき》により著された『東海談』において、『分類年代記』に足利義兼（足利氏の祖義康の子）かつて学校を足利に始め、中華より将来する所の先聖十哲画像祭器経籍等を納む、世に推して足利学校という」と記されたのが初見のようである。しかし、元禄年間（１６８８～１７０４年）に著された『分類年代記』がどのような根拠によりそのように記したのかは不明である。『金沢文庫と足利学校』の著者である結城陸郎によれば、近代史家にはこの説を支持する者が多数おり、彼らの根拠とするのは足利庄が皇室領であったことから文化的雰囲気がみなぎり、足利氏は好学の士が相次ぎ、殊に義兼は後述するように鑁阿寺《ばんなじ》を造営して子弟教育の施設としたことに由来し、この見解が定説となったという。

ところが、ここに上杉憲実創建説が登場してきたのである。この説は『足利学校の研究』を著した川瀬一馬によって主張されるようになったらしい。川瀬によると、永享《えいきょう》年間（１４２９～４１年）に憲実が関与する以前の足利学校については不明であるといっても過言ではないという。憲実は足利学校の設立を発意し、永享四年（１４３２）に鎌倉円覚寺から快元《かいげん》を招聘《しょうへい》して第一世庠主《しょうしゅ》（校長）とした。また、同十一年（１４３９）に宋版本の五経《ごぎょう》注疏《ちゅうそ》を寄進している。

憲実が足利の地に学校を開設した理由は、足利の地には鑁阿寺を中心とする漢籍講談の遺風が残り、向学の環境が存在していたからという。したがって、憲実の学校設立以前の足利の地には「学校」という名称と組織は存在しなかったと述べている。

なお、川瀬は憲実が足利に学校を興す動機の一つとなったのは、武蔵国金沢にある金沢文庫(学校)

の存在ではなかったかと述べている。加えて、憲実が足利学校に寄進したという五経注疏も金沢文庫の一部であったと推察している。

以上のような川瀬の主張に対して、結城は『金沢文庫と足利学校』の中で次のように反論した。確かに足利学校の実態が明らかになるのは上杉憲実以後のことであるが、それを以《もっ》て学校の建設をこの時期とするのは穏当な見解とはいえないと批判している。憲実が学校を創設した永享以前の応永年間（１３９４～１４２８年）に学校の存在が知られており、その起源は多分にもっと古いと考えられると述べている。

結城のこの推察は充分に理解することができるが、何分にも物証に乏しく、さらなる研究が必要ではないかと思う。

現在の足利学校遺蹟図書館や孔子廟は旧足利学校の遺構の一部ではあるが、憲実の建設当初から現在地にあったのではなく、何時の時代にかこの地に移転して来たと想像されている。この点に関しても諸説があるようである。

前述の『鎌倉大草紙』には、「応仁元年（１４６７）に上杉氏の家臣であった長尾景人が政所《まんどころ》より今のところに移建した」と記されており、この記述を基にして足利学校は元は政所にあったものを今の所に移築されたと解釈されている。

それでは、その政所のあった地は何処かということであるが、『日本歴史地名大系９　栃木県の地

名』には、景人が最初に足利庄に入部したとされる観農城《かんのうじょう》付近（現足利市岩井町）を足利学校の旧地とする説が記されている。その観農城は岩井山城とも称され、渡良瀬川の左岸にある。田辺久子も『上杉憲実』という著書の中でこの説を引用している。

諸説の多くは政所より現在地に移転して現今に至るとしているが、『足利学校事蹟考』は前述のように足利学校は下野国にあった国学の遺構であると解釈することから、元は下野国の都賀郡にあったものを足利駅の東に位置する岩井村に移したものであるとしている。岩井村には学校地先という字《あざ》があり、時折布目瓦《ぬのめがわら》が出土することから古《いにしえ》の学校があった地と言い伝えられているが、そこは渡良瀬川の氾濫のためにさらに現在の地に移転されたとされる。

しかし、須永盧山《すながろざん》は国府の置かれた都賀郡の地に地頭の政所が存在したという証拠はなく、足利庄内で移転したものであり、長尾景久（『群書類従本』では景人となっているが、『水戸家本』では景久とある）以前は、「当時、領主の支配役所である政所と学校とが同一箇所にあったのを学校を今のところに移したと解釈すべきである」と述べている。

吉田東伍は『大日本地名辞書』において応永年間（１３９４〜１４２８年）の鑁阿寺の古図と永禄（１５５８〜７０年）から天正（１５７３〜９２年）の頃の地図を比較し、前者には学校は見えない（当時、学校は未だなかった）が、後者には鑁阿寺と相接して学校が記されていると述べている。よって、『鎌倉大草紙』にある今の地とは現在のところであり、旧地すなわち政所とは本城の地であり、長尾景人が政所に居城するに及んで城地内にあった学校を現在地に移したと考えた。

渡辺世裕は足利学校の旧地を決定するには『鎌倉大草紙』の文言に立ち返り政所の所在を決定すべきであり、応仁元年（１４６７）以前の政所のあった地を前述の「勧農」としている。そして景人が勧農にあった学校を現在の地に移したと述べている。移転の理由は、この地が城地であるために兵火を恐れたのか、渡良瀬川の氾濫を避けるためであったのかは明らかではないと結んでいる。

永享四年（１４３２）以降、上杉憲実が足利学校に関与するようになると、学校は著しく整備され、その機能を発揮した。その後も憲実は足利学校に意を寄せ、文安三年（１４４６）には「校規三箇条」（学規三条とも）を定め、校風の維持、校規の粛正を図ったという。それによると、足利学校では「儒学」を専らとし、三註（千字文・胡曾詩・蒙求）・四書（大学・中庸・論語・孟子）・六経《りっけい》（易経《えききょう》・詩経・書経・春秋・礼記《らいき》・楽経《がっけい》）・列・荘・老・史記・文選《もんぜん》の外は講じてはならないと規定された。

こうして上杉憲実の関与以来、足利学校は盛時を迎え、国の内外にその名を喧伝《けんでん》されたというが、その実状は如何なるものであったのであろうか。

足利学校に関して『鎌倉大草紙』には、「諸国大《おおい》にみだれ、学道も絶たりしかば、此所日本一所の学校となる」と記されており、室町中期の乱世と文化の衰退期における我が国唯一の学校とされた。

また、『桂庵和尚家法倭点』には中国の州学に比し得る我が国唯一の州学（『大宝令』「学令」の「国学」を指す）と称され、中世に高く評価された。

さらに、連歌師の宗長は永正《えいしょう》六年（１５０９）に足利学校を訪れ、『東路のつと』の中で、「足利学校に立ち寄り侍れば、孔子・子路・顔回、この肖像をかけて、諸国の学徒かうべを傾け日ぐらし居

たる躰は、かしこく、且つあはれに見侍り」と記しており、この頃の学校には諸国からの学徒が終日頭《こうべ》を傾けて学んでいたことを知ることができる。

　足利学校の評判は単に国内に留まるばかりではなかった。明国の鄭舜功《ていしゅんこう》の『日本一鑑』には、「惟其下野大いに学堂を設け、名付けて学校と題す。（中略）列国の学徒嘗《かつ》て二三千人」とその盛況を中国に伝えている。

　十六世紀の中頃に日本を訪れたヨーロッパ人たちは足利学校のことを次のように記している。天文十八年（１５４９）に鹿児島に来航した宣教師のフランシスコ・ザビエルがインドのゴアにある耶蘇《やそ》会へ送ったという書信には次のように記されている。「京都《ミヤコ》には有名な一つの大学《ユニバーシティ》あり、尚又五つの主要なる学林《カレージ》と二百余の僧院《モナステリ》とあり。（中略）京都の大学の外、日本には其他の五箇所に主なる学院《アカデミー》存す。コーヤ（高野）・ネグ（根来《ねごろ》）・ヒソ（比叡《ひえい》）およびオーミヤ（近江、おそらくは三井寺ならん）。この四つは京都の周囲に互に相近く位し、各三千五百の学徒を有す。これらの外、坂東の学院あり。日本国中最も有名なり。而《しか》も京都を距《へだ》ること甚だ遠し。坂東は一大領土にして、六人の小主之に割拠し、その中一人最も勢力あり」。文中の坂東の学院とは足利学校を指すことは言を待たない。

　また、永禄六年（１５６３）に来日したイエズス会のルイス・フロイスは、日本在留三十五年に及び、その間の日本について詳しくまとめた『日本史』を書き残している。その中に足利学校についての記述があり、「そのうえ、彼らは占星術や医学のことも多少学ぶ。そうして、これらの学問について日本全国にたった一つの大学であり公開の学校がある。そうして、それは関東地方の下野国の足利

という所にある」と書かれている。

ザビエルが五つの主要な学林（カレージ）と呼んだ京都五山も、高野山以下の近畿の四つの学院（アカデミー）も宗教色に染まっていた。それに比べて足利学校は庠主（しょうしゅ）には禅僧を招いており、そこで教えられるのは儒学を中心とした漢学であり、中でも易学そのものが学校の最大且つ究極の教授目的であった。言い換えれば、易学を教授するのが目的であったといってもよい。学校の蔵書中には特に易学関係の書籍が多数存在し、他の経書に比べて最も内容が充実していたのはそのためであった。

川瀬一馬によれば、足利学校において講じている書物の題名を見ると、四書、六経（りっけい）などの儒学の経典である経書を講じていることから、漢学一般を教えるのが目的であったように見えるが、易書以外の経書は易に至る段階としてこれを学び、易学に入る準備として講じたものというべきであるという。究極の目的は易を学ぶことにあるが、易は深奥難解であり、初学者つまり初めて学ぶ者が直ちに入門するのは困難であることから、先ず三註のような初学入門書により文字を習い、故事に習熟した後、四書・左伝・毛詩・尚書・礼記を経て、あるいはその途中で道家（どうか）・史記・文選なども兼修し、その拠所となっている事柄を培い、最後に易に到達するのである。

足利学校における易学は、実は占筮（せんぜい）すなわち易の理により筮竹（ぜいちく）（占いに使用する五十本の竹ひご）を使った占いのためのものであった。経書の文章の解義すなわち意味の解釈を「正伝」といい、占筮術を「別伝」としたが、諸国より足利学校に参集した学徒たちの来学目的の主たるものは実用としての占筮の習得であったといっても過言ではない。室町時代を通じて足利学校が繁盛し、全国各地から

の来学の徒が絶えなかったのは、当時の社会、特に武家社会が占筮を必須とし、占筮術に通じた者を求めていたからである。

　こうして易学の受講と同時に占筮を習得しようとして諸国から来集する傾向は年々増大し、第七世庠主九華の時代の天文末年（１５５５）より天正初年（１５７３）に足利学校は最盛期を迎えたという。九華は歴代庠主の中でも学識は傑出していた。二十九年間も庠主の任にあり、小田原の北条氏康・氏政父子の後援を得て、前代の時の火災で焼失した学校を再建した。

　このように学校における教学活動は易学の教授であったが、来学者の意図から見るならば、正伝・別伝の易学にあったが、次いで重んじられたのは兵家の学である兵書の受講にあった。占筮は「軍配」すなわち戦場における軍勢の配置や進軍及び退却の指揮とも関連し、これが「軍法」つまり兵法とも不即不離の関係にあることから兵学の講読も課せられたのである。

　兵学と共に医学の受講も課せられたという。医学は本草学《ほんぞうがく》の類《たぐい》の漢籍を読まなければならないので、医者は漢学にも精通する学識者であった。その上、武士は戦いで生死・傷害の手当を必要とすることから、側近に優れた医師を求める要求も強かったと思われ、名医を争って招いたであろう。

　足利学校において易学と占筮を修学した人たちは故郷に帰れば、武家のために易筮を行い、軍配を指導し、また兵書を講じ、兼才ある者は医療を施すなど軍事顧問的な役割を果たしていたと思われる。

　結城陸郎もこれと同様のことを以下のように記している。室町時代、殊に応仁の乱（１４６７年）以後は大名領国制の形成期であり、戦国の争乱はこのような歴史的発展の現象であった。この間、戦

国大名が念願したのは対立勢力を砕き破ることであり、戦勝一途の努力がなされた。出陣や退陣の用兵こそが切実の問題であり、この際に重んじられたのが占筮であり、その道の達人が求められた。このような社会的要請に応えられる人が易学の修練者であり、足利学校こそそのような人材育成の場であったといえる。占筮と共に兵学は戦国武将の求めていたものであった。さらに、医学の課せられたことも社会の実用的要請に応えたものであった。

室町時代の武将が戦闘で必須の条件として占筮に頼るのは、戦闘が人力では如何ともし難いことであり、超自然の力を頼みとするからである。武家が占筮をなくてはならないものとしたのは、すべての日常生活そのものが「陰陽《おんみょう》思想」に支配されていたからである。武士が戦闘にあたり開始の吉凶や日時の選定などのすべてが卜筮《ぼくぜい》の告示に基づいていたのである。しかしながら、特に戦闘では兵は機を待ち発すべきであり、武将たちは必ずしも日の善し悪しである日並《ひなみ》（日次《ひなみ》とも）に拘泥《こうでい》しないことを自覚していた。

それにもかかわらず、武将たちは必ず陰陽師に日次の吉凶の占定を仰いで行動する傾向にあった。これは一見不可解のようであるが、当時のすべての階層の人々に深く陰陽思想が浸透していたことを裏書きするものであり、一般の武人たちは日次の吉凶を堅く信奉しており、これにより己の行動を律していた。そのために将たる者も卜筮を試みなければならなかったのである。

余談であるが、天下統一を為し遂げようとした信長は易学や特に占筮のような易を信じたのであろうか。答えは否であろうと思う。信長のような合理主義者が古代中国の陰陽《いんよう》五《ご》行説《ぎょうせつ》に基づいて自然

現象を説明し、吉凶を判断しようとする陰陽思想は愚か、亀の甲や筮竹を使う占いを信じたとは到底思えない。

足利学校のあった足利庄は、栃木県足利郡の全域と安蘇郡の西部にまたがる広大な地域であった。その足利庄が足利氏の所領となるのは、源氏の棟梁である源義家の孫で、足利氏の祖となる足利義康の代の保元二年（１１５７）であったとされる。

義康は大番役として京に上り、鳥羽上皇の北面の武士となると、当時の一般の庄園と同じように足利庄を上皇に献上し、自らはその代官となり実質的には足利氏が管理者として保有し、子孫に相伝された。また、検非違使《けびいし》や蔵人《くろうど》となり、京都文化を受容するようになった。

義康の子義兼は、足利庄が永暦《えいりやく》二年（１１６１）に鳥羽上皇と美福門院《びふくもんいん》との子である八条院に伝領されると、同院に奉仕して蔵人となり、直接京都文化に接触するようになった。義兼の母は熱田大宮司季範《すえのり》の女《むすめ》であり、文化的な血を継いでいたといえる。また、義兼は北条時政の二女である時子を妻とし、鎌倉幕府内で重きをなした。

足利学校の北西に隣接している現在の鑁阿寺は真言宗大日派の総本山である。室町時代に記された同寺の縁起によれば、文治四年（１１８８）に義兼の妻時子が懐妊した時、相者《そうしや》（人相見《にんそうみ》）たちは女子であると占ったが、義兼は男子の出生を切望した。そこで、伊豆走湯山の理真《りしん》の名声を聞いて招請し、真言秘密・受性男子の法を修した。その感応あってか、義氏が生まれた。それ以来、義兼は理真に深く帰依《きえ》し、居館内に持仏堂を建立し、護持僧として理真を居住させたのである。

次いで、義兼は文治五年（１１８９）に頼朝に従い奥州平泉の藤原泰衡《やすひら》追討に赴く折に戦勝祈願のために足利の北東に位置する樺崎《かばさき》の地を理真に寄進し、樺崎寺を建立するよう命じた。その後、建久初年（１１９０）に母の菩提を弔うためにその地に堂宇を建立し、ここに理真を閑居させて下御堂とした。

建久七年（１１９６）に妻時子が病で亡くなると、義兼は剃髪して鑁阿と号した。「鑁《ばん》」とは金剛界大日如来の、「阿《あ》」とは胎蔵界大日如来の「種子《しゅじ》」である。義兼は高野山宝幢院で修複し、帰ってから持仏堂を鑁阿寺と改め、源氏相伝の守本尊である大日如来を安置し、父祖由緒の地である居館のある城郭堀之内に方百二十間（約一万四千四百坪、四万七千㎡）の地を合わせて七堂伽藍を建立するとともに、樺崎にある下御堂を法界寺《ほうかいじ》と号して高野山に模して奥の院とし、理真を開山とした。

正治《しょうじ》元年（１１９９）に義兼が没し、義氏が跡を継いだ。義氏は一大拡充を図るために天福《てんぷく》二年（１２３４）に金堂である大御堂を創建した。次いで、仁治元年（１２４０）に千手院を塔頭《たっちゅう》とする十二箇院を建立するなどして、現存する「鑁阿寺古図」に見られるような盛大な寺院にしたのである。

こうして足利の文化は義兼や義氏により整備された鑁阿寺や樺崎寺を中心として展開されたのである。その後、鑁阿寺は尊氏の保護を受け、直義《ただよし》や関東公方の基氏からの寄進を受け、やがて上杉憲実の時代を迎えるのである。

この間、鑁阿寺ではどのような教学活動が行われていたのであろうか。結城の著書『金沢文庫と足利学校』の中では次のように述べられている。建長元年（１２４９）には鑁阿寺は『大日経《だいにちきょう》疏《そ》』と

『周易註疏《しゅうえきちゅうそ》』の講読を行うよう命ぜられた。建長元年は義氏が鑁阿寺の責任者の地位を退いた年であり、改めて鑁阿寺建立の精神と教学方針を明らかにすると同時に、鑁阿寺の教学である『大日経疏』のような内典《ないてん》（仏教経典）と共に、『周易註疏』のような外典《げてん》（仏教経典以外の書物）である後の足利学校の教育の主流を成す易学が加えられたことが注目される。加えて、寺の開基である義兼は占筮を重んじ、開山の理真も易に造詣《ぞうけい》の深い真言僧であった。したがって、後世の足利学校が易学を中心に発展する萌芽を見てとることができ、「鑁阿寺学校」とも言うべき存在が推定されると記している。

足利学校はこのような状況の中から生まれたもので、鑁阿寺の教学活動とそれにともなう教学機関の発展が足利学校の直接的祖型となったというべきであると述べている。言い換えれば、鑁阿寺における教学活動および鑁阿寺学校の盛行は、やがて寺院とは分離した教育機関の設立をもたらしたといえる。五味文彦もその著書『日本の中世を歩く』の中で、足利には既に南北朝時代に学問所の性格を帯びた前進的な存在が生まれていた可能性が高く、それを憲実が再興し、さらに学校として発展させていったのであろうと述べている。この点は川瀬一馬の上杉憲実による足利学校創建説とは真っ向から異なっているが、結城陸郎や五味文彦の説に賛意を表したい。

足利学校発展の歴史に思いを馳せながら、その足利学校と密接な関係にあった鑁阿寺を訪れることにし、足利学校の西の通りである石畳の大門通りを北へと向かった。間もなく正面に大きな唐破風の付いた桟瓦葺きの屋根のある太鼓橋の前に出る。橋の直ぐ後方には寺の山門である本瓦葺入母屋造り

足利義兼・義氏父子により創建・整備された「鑁阿寺《ばんなじ》本堂（国宝）」

の古い楼門が佇んでいる。この楼門は永禄七年（１５６４）に室町幕府の第十三代将軍足利義輝により再建されたもので、県指定の文化財に指定されている。

大きな鯉の群れが泳ぐ濠に架かる太鼓橋を渡り、楼門をくぐり境内に入った。四方に濠と土塁の巡らされた約四万㎡の敷地は、かつての足利氏の居館跡であり、鎌倉時代の板東武者の屋敷の面影を今に伝えているといわれている。

楼門より真っ直ぐ北へ延びる石畳の参道の先は「大御堂」と呼ばれる金堂（本堂）が堂々とした佇まいを見せている。唐破風の向拝の付いた本瓦葺入母屋造りの屋根は新しく葺き替えられている。建久七年（１１９６）に持仏堂として足利義兼により創建されたという金堂は、弘安十年（１２８７）の落雷により焼失し、正安《しょうあん》元年（１２９９）に尊氏の父貞氏によって再建されたものであ

る。当時の外来の最新禅宗様の建築様式を取り入れたものとして平成二十五年（２０１３）に新しく国宝に指定された。

本堂に至る参道の右手には本堂に次いで建立されたという鐘楼があり、国の重要文化財に指定されている。また、参道の左手には市の天然記念物の樹齢六百年といわれる大銀杏がそびえ立ち、葉を茂らせており、その奥には多宝塔が見え隠れしている。

本堂の直ぐ左側には不動堂が並び、その左にはベンガラ色に塗装された重層の一切経堂が立っている。この経堂は応永十四年（１４０７）に足利氏満の子である関東公方の満兼により再建されたもので、国の重文に指定されている。

暦応《りやくおう》元年（１３３８）に尊氏が征夷大将軍になると、当時は将軍家および関東公方家の氏寺として重要になり、樺崎寺と共に鎌倉鶴岡八幡宮寺の別当の兼帯（兼任）になったという。

次いで、足利市樺崎町の八幡山の東麓にあるという国史跡である樺崎寺跡を訪ねることにし、国道２９３号線を北東へ向かった。４㎞程で北関東自動車道の足利ＩＣのある樺崎で、その少し先を左折すれば樺崎八幡宮の前に出る。現在の地図には樺崎寺跡の表記はなく、樺崎八幡宮の表記が認められるだけである。

文治五年（１１８９）に足利義兼は頼朝に従い奥州合戦に赴く折、戦勝を祈願してこの地に樺崎寺を建立し、翌年に母の菩提を弔うために堂宇を建立して下御堂としたことを前述した。この少し前に北条時政はやはり奥州での戦いの勝利を祈って伊豆（現伊豆の国市）に願成就院《がんじょうじゅいん》を建立しているし、

奥州から鎌倉に帰還した頼朝は奥州での戦いの死者の霊を鎮めるために鎌倉に永福寺を建立した。これらのことを見ると、頼朝、時政、義兼の関係をよく理解できる。

建久七年（１１９６）に妻時子が病没すると、義兼は剃髪して下御堂を法界寺と改め、念仏三昧の日を送ったという。やがて、正治元年（１１９９）に義兼が入定《にゅうじょう》すると、その子義氏は法界寺の諸堂を整備して廟所とした。下御堂は朱丹で塗られたので赤御堂と称され、足利氏の菩提寺となった。同時に義氏は八幡神を勧請《かんじょう》して義兼の霊を合祀《ごうし》して樺崎八幡宮を建立したという。足利将軍家の衰退と共に法界寺も庇護を失い、現在は樺崎八幡宮を残すのみとなったのである。

八幡山の麓の駐車場に車を止めると、正面の山並みの中腹には樺崎八幡宮の社殿が姿を見せ、左手一帯には発掘調査のためか、田畑が掘り返された跡が広がっている。正面に見える建物は拝殿で、その直ぐ後方には彩色された本殿が佇んでいる。この本殿は天和《てんな》年間（１６８１～８４年）に再建されたものを平成元年（１９８９）に修復したもので、その折に本来の軒唐破風付隅木入春日造りに復元されたそうである。

その本殿の左手には樺崎寺跡が小道に沿って続いている。発掘調査により山麓には建物の遺構や、そこから見下ろす平地には大きな池などが出土し、相当な規模の中世寺院であったことが判明すると同時に、鎌倉の永福寺に立地条件がよく似ているそうである。

最初に十六個の礎石が整然と並んでいる多宝塔跡が現れる。その左には供養塔の覆屋《おおいや》跡が出土し、その堂の中には義兼の子義氏の供養塔である五輪塔があったそうである。さらに、その左には十基の

五輪塔が一列に並んでいる。足利氏歴代の供養塔であるといわれる。

ここから前に広がる平地を見下ろすと、現在は小さな池が見えるだけであるが、樺崎寺跡復元整備図によると、大きな池の広がる庭園のようで、奥州平泉にある毛越《もうつ》寺のような浄土庭園ではなかったのではと想像するだけである。

樺崎寺は八幡宮と共に鎌倉・室町期を通して足利家の保護を受けて繁栄したようであるが、戦国時代には衰退し、江戸時代には樺崎八幡宮の神宮寺として命脈を保っていたらしいが、明治四年（１８７１）の神仏分離令により廃寺となったという。

参考文献

１　川瀬一馬『足利学校の研究』（増補新訂）講談社　１９７４
２　結城陸郎『金沢文庫と足利学校』至文堂　１９５９
３　竇月圭吾監修『日本歴史地名大系９　栃木県の地名』平凡社　１９８８
４　田辺久子『上杉憲実』吉川弘文館　１９９９
５　五味文彦『日本の中世を歩く』岩波新書　２００９

4　吉田東伍と千秋——父と子

平成十六年（２００４）の晩秋、琵琶湖西岸沿いを走る北国街道とも称された西近江路を辿ったことがある。その折、滋賀県高島郡今津町（現高島市今津）を訪れ、「琵琶湖周航の歌」の記念碑のある今津港の直ぐ傍にある「琵琶湖周航の歌資料館」に立ち寄った。この時、国郡の区分に従い、日本の地名の網羅されたという『大日本地名辞書』を唯一人で十三年もかけて編纂したことで知られる歴史地理学の先駆者の吉田東伍と有名な「琵琶湖周航の歌」の原曲とされる「ひつじぐさ」を作曲した吉田千秋が親子であることを初めて知った。

そんなこともあり、何時の日にか二人の生まれ故郷の新潟県北蒲原《きたかんばら》郡安田《やすだ》町保田《やすだ》(現阿賀野《あがの》市保田)にある「吉田東伍記念博物館」を訪れたいと思っていた。静岡県西部から新潟県阿賀野市までは五百数十㎞もあり、一昔前までは一日ではとても無理な距離であったけれども、今では高速道路で結ばれており、栃木県足利市の足利学校を訪れたのを機に東伍記念博物館まで足を延ばすことにした。

足利学校を訪れた後、樺崎《かばさき》八幡宮の直ぐ北にある足利インターより北関東自動車道に入り、高崎ＪＣＴを経由して関越道に入れば、やがてよく知られた水上温泉郷である。その遥か北西には越後山脈から続く群馬、新潟ならびに長野の県境を走行する二千ｍ級の険しい山並みの連なる三国山脈が行く手を遮るようにして立ちはだかる。かつての三国街道沿いを走る国道17号線も、ＪＲ上越本線や上越新幹線も、さらには関越道も、三国山脈北東の清水《しみず》峠（標高１５０４ｍ）と南西の三国峠（１７４０ｍ）との間をそれぞれ長いトンネルで貫き、越後湯沢へと抜けている。

関越道の水上インターを過ぎ、正面に谷川岳（１９６３ｍ）を見上げながら進めば、程なく関越ト

「吉田東伍記念博物館」（左）と東伍生家の旗野家（右）

ンネルである。優に10㎞はあるというトンネルを抜け、信濃川の支流である魚野川沿いの渓谷を下って行くと、谷間の幅は見る見る内に広くなる。渓谷の両側にはスキー場のゲレンデが幾つも連なり、湯沢インターの先には小雨に煙る越後湯沢の温泉街が広がっている。「トンネルを抜けると、そこは雪国であった」という有名な書き出しで始まる叙情文学の古典といわれる川端康成の小説『雪国』の中で描かれている温泉街の情緒は、最早何処にも見られなかった。

翌朝、初めて訪れた湯沢温泉を後にして阿賀野市保田へと向かった。湯沢インターより関越道・北陸道・磐越道を通り、安田インターまでは１６０㎞、二時間程の距離である。そこから目指す東伍博物館までは、ほんの３㎞足らずである。程なく右手の角に築地塀のある東伍の生家である木造切妻屋根の大きな旗野家の屋敷が静

かな佇まいを見せる。その向こうには旗野家の屋根に調和させるかのように切妻屋根の二階建てコンクリート製の記念館がある。

博物館の入り口の前には「神機雄略」と刻まれた比較的新しい御影石（花崗岩）の碑が置かれているが、浅学非才の徒にはその意味を推し量ることはできない。入り口を入るとビデオ視聴室があり、その奥の大きな部屋の一角に受付がある。平日の朝のこともあってか、他には見学者はいない。受付を済ませると、ビデオのスイッチが入れられた。東伍および博物館に関する説明を聞いた後、静かな館内を見学した。

受付のある部屋の周囲は書架になっており、年代毎に発行された七種類もの『大日本地名辞書』が並べられている。この部屋の隣は、東伍関連の資料が陳列された部屋になっており、東伍の文学博士号の「学位記」を初めとして写真や遺品が所狭しと陳列されている。

二階の小部屋には吉田千秋関係の資料が並べられている。「琵琶湖周航の歌」と千秋についての説明や略年譜などが貼られ、その前に千秋の使っていたアコーディオンなど何点かの遺品が並べられているだけであった。

吉田東伍を知る少し前の平成十五年（２００３）に角川書店より刊行された千田稔の著した『地名の巨人　吉田東伍』に出合い、東伍の足跡について克明に知ることができた。歴史地理学を専攻する千田が東伍の『大日本地名辞書』の存在を知ったのは大学に入学してからであり、何時の日にか東伍

の足跡をまとめた伝記を書きたいと思ったと回想している。千田をしてそのような気持ちを抱かせたのは、日本の近代地理学の黎明期に『日本風景論』を著した志賀重昂《しげたか》が在野の地理学者として広く知られていたのに対し、東伍の業績が必ずしも充分に評価されていないことに対する不満であったようである。

昭和十二年（１９３７）から同十四年にかけて冨山房《ふざんぼう》よりこの辞書の増補版（新修復興版全七巻）が刊行された。この時、版元の冨山房の宣伝用の印刷物に「凡《およ》そ人として地と関係した人のない様に、本書を備えて利益を受けない人はなからう。すなわち、此辞書を座右に備えて居れば日本国中の地理と歴史の関係は一目瞭然する。試みに郷里の所をお引き下さい」と書いてあったという。

大正十一年（1922）刊行の『大日本地名辞書』縮冊版

そこで、磐田市立中央図書館に出掛け、現在住んでいる所のかつての郡名である「磐田郡」を引いてみた。なお、図書館に所蔵されていたのは、増補版より古い大正十一年（１９２２）から同十二年にかけて刊行された縮刷版であったが、その第三巻（北国・東国）には次のように記されていた。

【磐田郡】天龍川以東、小笠郡に至るを云ふ。今五町三十七村、これを見附《みつけ》に治す。然れども二俣町幷《ならび》に野部、阿多胡《あたご》等九村は、天龍川中遊の山谷に在りて、地勢見附と懸隔（遠くへだたること）するを以て、本篇は別に山香《ヤマカ》の一綱を立て、現磐田、周智《しゅうち》の管内の十数村を割《わりさ》き取れり。

磐田郡、和名抄、伊波太《いはた》と注し、十五郷に分つ（元明紀には石田《イハタ》に作る）。後世改めて豊田郡と云ひ、其郡界錯乱して、大略国府（見附）の西北を豊田郡と為し、東南は山名《やまな》郡に混し、近世に至り、見附の一駅独り磐田郡の古号を伝へたり。明治廿九年、郡界を更定し、天龍川以東を以て磐田郡と為し、豊田、山名の二群名廃す。而《しか》も今の郡域を以て、和名抄の郡域に比較すれば、諸郷の出入多し。

五千ページ、一千二百万字になんなんとするこの地名辞書に収録された地名は約四万一千項目、すべてこのような調子で綴られている。このような未曾有の大著の刊行により東伍の名声は高まったが、これほど誤りの多い著書はかつて見たことがないという非難の声もあったという。千田によれば、これらの誤りは引用された書に充分な考証が行われていなかったことに起因するものであり、東伍の責任ではないと述べている。

さて、日本の歴史地理学のパイオニアとして知られた吉田東伍はどのような足跡を残したのであろうか。

東伍は元治《げんじ》元年（１８６４）四月十四日に旗野木七《はたのきしち》と園子《そのこ》との間の四人兄弟の三男として越後国の蒲原郡保田村（新潟県北蒲原郡安田町、現阿賀野市保田）で生まれた。旗野家は豪農で、土地の名家として知られていた。東伍は明治六年（１８７３）に保田村の小学校に入ったが、翌年には新潟英語学校に入学している。しかし、同十年（１８７７）に新潟学校中学部に転校するが、間もなく退学して郷里に戻ってしまう。よって東伍が学校に通ったのは四年足らずということになる。

なお、東伍は自分の生まれ故郷の「保田」という地名について『大日本地名辞書』の中で次のように記している。

方俗安田ダシと称する東南風は阿賀野川の峡谷に起り、安田の地其風口にあたるを以て此名あり。春夏の頃殊に多く、連日止まざる事あり。安田は貞享《じょうきょう》二年（１６８５）安字を改めて保を採り、保田町と云ひ、今も大字《おおあざ》には保田を依用す。此町昔火災ありしに、安田《アンデン》の反切《ハンセツ》は煙《エン》なれば、其安字を忌むべしとして改更したりと、拘忌《こうき》の陋習《ろうしゅう》笑ふべし。

文中の「反切」という言葉は初めて耳にする用語であるが、辞書によれば、中国で漢字の字音を示すのに他の漢字二つを合わせて示す方法である。例えば、「東《トン》（ｔｏｎｇ）の発音は「徳《トク》（ｔｏｋ）」

の頭子音ｔと「紅《ホン》（ｈｏｎｇ）」の韻ｏｎｇとを合わせて構成される。安田《やすだ》という地名の場合、「安《アン》（ａｎ）」から韻ｎを除き、「田《デン》（ｄｅｎ）」の韻ｅｎと合わせるとａｅｎとなるが、「煙《エン》（ｅｎ）」という音に似ていることから安という字を忌み嫌って保という字に改められたという。東伍はこのことを縁起を担いでつまらないことにこだわる悪い習慣であるとして一笑に付している。

明治十三年（１８８０）に十六歳になった東伍は、叔父の旗野十一郎の養子となり、翌年から独学で『安田志料』という郷土の地誌書を書き始めた。彼はこれを十年かけてまとめ、新潟県知事に提出している。その原稿を綴じたものが博物館に保管されている。村の名前や小字《こあざ》などの地名に関心を寄せつつ、神社や寺院の起源や歴史について記されており、東伍の学問の出発点となったといわれるのもうなずける。

明治十七年（１８８４）二十歳になった東伍は、中蒲原郡大鹿《おおじか》村新田（新潟県新津《にいつ》市、現新潟県秋葉区大鹿）の吉田耕次郎の養子となり、同家の長女かつみと結婚して吉田姓となった。翌年には仙台での軍隊経験を経て、明治二十年（１８８７）に小学校正教員の検定試験に合格し、北蒲原郡水原《すいばら》小学校に着任したが、同二十二年（１８８９）に辞職している。理由は不明であるが、この頃から国家主義が台頭し、井上毅《こわし》が「徳教ニ関スル勅諭」を起草し、翌年には『教育勅語』が文部大臣に下賜されたという。このことと関係があったのではないかと想像されている。

東伍が水原小学校に勤務していた頃の明治二十年に長女のいつ子が誕生した。この頃の東伍は「紀年論」に関心を抱き、明治二十一年（１８８８）に「那珂氏の年代考によりて征韓の年次を証す」と

題する史学に関する最初の論文を雑誌『文』に発表している。この論文は那珂通世《なかみちよ》が『文』に投稿した「日本上古年代考」という論文に東伍が触発されて発表したものである。

那珂は『東国通鑑《つがん》』や『三国史記』の「百済本紀」に記された歴代百済王の即位年と崩年、『宋書』に記された「倭の五王」の遣使年代、真福寺本『古事記』付記の歴代天皇十五代の分注崩年干支などと『日本書紀』の紀年とを比較し、『日本書紀』の干支は二運すなわち百二十年が実際の経過年数に加算されているという。この点については、倉西裕子がその著書『日本書紀の真実』で述べているように、既に江戸時代の新井白石や本居宣長により指摘されていた。

東伍の紀年論も、四世紀末の倭と百済および新羅との関係を『日本書紀』や広開土王碑文の記述から整合性を確かめようとするものであった。東伍の述べているように、『三国史記』の「百済本紀」に記されている阿華《あか》（花）王即位の年を西暦３９２年（壬辰）とすると、『日本書紀』巻十の応神天皇三年は西暦３９２年となり、応神天皇元年は３９０年ということになる。

東伍は明治二十三年（１８９０）に北海道に渡り、そこで一年余り暮らしたというが、その動機は必ずしも明らかではない。同二十四年に帰郷した後、上京して「読売新聞」の主筆を務める市島謙吉宅に身を寄せた。東伍の長兄である旗野餘太郎の妻比佐と市島謙吉の妻トモとは姉妹であった。市島は東伍の非凡な才能を見抜き、終世に渡り物心両面で援助し続けたことで知られる。

程なく東伍は早稲田大学の前身である東京専門学校の図書室に勤務するようになったが、明治二十四年（１８９１）に東京帝国大学文科大学教授であった久米邦武による筆禍事件が出来する。久米は

明治四年（１８７１）の岩倉具視特命全権大使米欧派遣の使節団の一員として加わり、同十一年（１８７８）に『特命全権大使米欧回覧実記』全百巻をまとめたことで知られる。

その久米は『史学会雑誌』に「神道は祭天の古俗」と題する物議を醸すような論文を発表した。論文の要点は、神道には人の生を導く経典もなく、ただ天を祭るという中国の古い宗教的な俗習を伝えているだけであり、皇室を中心とした国体を保持するには時代の変遷に応じて進化すべきであるというものであった。田口卯吉がこの論文を雑誌『史海』に転載したところ、神道家から激しい反発が起きると同時に、久米は論文の取り消しを求められた。久米は論文の取り消しに応じたが、やがて休職に追いやられ、辞職を余儀なくされたという。

東伍はこのことに反発し、久米を擁護する記事を何度も書いたのである。その論調は、どんな圧力でも人間個人の考え方の根底までを変えることはできず、それ故に学問研究の自由に対する妨害は排するべきであるということに尽きる。換言すれば、言論の自由や思想・学問の自由に対する弾圧には徹底して抗戦するということであった。

東伍は明治二十六年（１８９３）に東京専門学校図書館を辞し、住居を御茶の水に移した。東伍にとり最初の著書となる『日韓古史断』の執筆に専念するためであったのか。その年に冨山房から『日韓古史断』が刊行された。東伍の朝鮮に対する基本的スタンスは友好であったが、朝鮮を日本の「同胞小弟」と位置付けたことが一人歩きして誤解を生むことになった。東伍の「日鮮同祖論」は日本の国家主義者による韓国侵略に都合のよい歴史的裏付けを保証する表現として受け取られ、伊藤博文ら

による日韓併合が進められたのである。

明治二十七年（１８９４）、三十歳になった東伍に長男春太郎が、翌年には後述する次男千秋が大鹿で誕生した。この頃、東伍は日清戦争の従軍記者として大陸に渡るも、マラリアに罹患して帰国した。その病床で東伍は、日本には地名の統一された地名辞書が存在しないので自分の手で成し遂げたいと決断したという。東伍はこのことを叔父である旗野十一郎に話をすると同時に、市島謙吉に出版元や資金の調達について相談している。

明治二十八年（１８９５）、三十一歳になった東伍は飯田町の自宅において『大日本地名辞書』の原稿を書き始め、翌年には冨山房社主の坂本嘉治馬《かじま》が辞書の出版を承諾してくれたという知らせを市島から受け取ったという。

なお、辞書の編纂に必要な膨大な参考資料はどのようにして収集されたのかに関しては、今でも分からないことが多いとされる。当時の東伍の蔵書は少なく、全国の地名の由来について書けるような状態ではなかったらしい。それでも上野の図書館に行ったり、書店で書籍を買い求めたり、あるいは友人たちから借用したりしたという。また、冨山房の坂本嘉治馬の紹介で東京帝大の史学教授の坪井九馬三《くめぞう》を訪ねて政府の地志類の閲覧を依頼したりしている。

出版を引き受けた冨山房は、これまでに類例のない内容であり、見通しのつかない事業であったことから、脱稿された原稿が一まとめになった段階で順次出版して行くことにした。その結果、第一冊

目が出版されたのは明治三十三年（１９００）であり、全五巻十一冊の最後の刊行が終了したのは同四十年（１９０７）で、東伍は既に四十三歳になっていた。したがって、完成までに足掛け十三年を要したことになる。東伍はこの辞書の序文の末尾に次のように記している。「凡《およそ》、歳月を関する（数える）こと十三春秋（年）、悪戦僅《わずか》に（困難に打ち勝ちやっと）生還するの想あり。回顧して偏《ひとえ》に短才微力を愧《は》づ（恥じる）」

東伍授与の文学博士号の「学位記」

この辞書には多くの関係者の序文が載せられており、その一つに『日本風景論』の著者として知られる志賀重昂の記した「大日本地名辞書ヲ評ス」という一文がある。その内容は辞書の構成を具体的に解説したもので、十八ページにも及ぶ長文である。冒頭には「堂々タル大版、一頁二千三百字、全部一千二百万字、其ノ重量ニ於テ本邦空前ノ出版物タリ」と記されている。

全巻の刊行の終了した明治四十年十月十五日に出版祝賀会が上野の精養軒で行われた。この折の様子を記した『読書界』第一巻付録（１９０７）によれば、前島密、坪井九馬三、志賀重昂、喜田貞吉、市島謙吉らが発起人となり、大隈重信を始めとして百五十余名が出席した。なお、会場には地名辞書の

原稿が積まれており、その高さは合わせて三人分の身長程の４・５ｍとなり、出席者は皆驚き見入ったといわれる。

新潟県の出身であった前島密が開会の辞を述べた後、大隈重信は「極く簡単な祝辞を述べ、且つ敬意を表したい」という前置きに反して長い挨拶をしたという。しかし、大隈の挨拶はこの辞書の意義を的確に捉えていたそうである。午後四時に始まった宴席は、万歳三唱をもって九時に終了したという。

明治四十二年（１９０７）七月、四十五歳になった東伍は『大日本地名辞書』の学術的な功績により文学博士号が授与された。有名な森林太郎（鷗外）や先輩格の久米邦武と一緒の学位授与であった。東伍のように在野の研究者でありながら、地名辞書を完成させた業績を文部大臣の監督下にある博士会が公平に推薦した結果であった。

地名辞書を書き終えた東伍は、「貞観地震」について書き忘れたとして明治三十九年（１９０６）に日本歴史地理学会の学会誌である『歴史地理』第八巻十二号に「貞観十一年陸奥府城の震動洪溢」と題する論文を発表した。

東伍はこの論文の中で『日本三代実録』に記された貞観十一年（８６９）に発生した貞観地震および津波の記事を紹介し、陸奥国の国府が宮城県多賀城に置かれ、この国府が地震で大きな被害を蒙《こうむ》ると共に津波が城下に押し寄せたことを明らかにしたのである。貞観地震に関する最初の論文であり、

陸奥の国府の置かれた場所を明らかにした論文としても高く評価された。

この論文について知ったのは、「吉田東伍記念博物館」を訪れ、渡辺史生館長より「災害史研究のパイオニア　吉田東伍」という論文の別刷を頂いてからである。これを読んで何時の日にか仙台市の北東にある「古代多賀城跡」と共に「東北歴史博物館」を訪れたいという気持ちを抱いた。

東伍は地名辞書を完成させると、直ちに『倒叙日本史』の執筆に取り掛かっている。「倒叙」とは、時系列に従わないで、現在から過去に遡って叙述することである。全十一冊より成る『倒叙日本史』は歴史を現代から古代へと時代を遡って叙述した独創的な日本通史であるが、刊行されたのは大正二～三年（１９１３～１４）であった。なお、この倒叙という言葉は東伍の創作であるという。当初は逆体日本史というタイトルにする予定であったらしいが、逆体とは体制を転覆させるという意味に受け取られかねないという忠告もあり、倒叙という言葉が考え出されたそうである。

地名辞書の出版が始まる前年の明治三十二年（１８９９）に喜田貞吉らが中心となって「日本地理歴史研究会」が設立された。この時、東伍は久米や坪井らと共に加わっているが、地名辞書刊行の直前のことで校正などに忙殺され、中心メンバーとして発起人に名を連ねることはなかったという。しかし、やがて東伍の才能や業績が認められるようになると、研究会で重きを為すようになった。さらに研究会が学会になると、東伍は顧問や評議員などとして会の運営に尽力すると共に、会の機関紙である『歴史地理』に多くの論文を投稿している。

研究会の発足や運営に中心的な役割を果たした喜田は、東京専門学校の文学部史学科の講師をして

いたが、明治三十四年（１９０１）に文部省図書審査官となり、その後任は同校の文学部科外講師をしていた東伍が受け継ぐことになった。その翌年に東京専門学校は早稲田大学と改称され、東伍は大学専門部において地誌・史学の講義を担当した。

間もなく東伍は「能楽文学研究会」に参加するようになったらしい。東伍の三男冬蔵《とうぞう》によれば、その頃の早稲田大学には東京帝国大学を辞した久米邦武が在籍しており、能楽に興味を持った久米は東伍と共に能楽研究に取り組んだという。但し、新潟時代の東伍が謡曲や能の手ほどきを受けたという記録はなく、関心を持っていた様子も見当たらなかったそうである。

能楽文学研究会の機関誌である『能楽』第三巻三号に東伍の「能楽の原流及び変遷一斑《いっぱん》」に関する大要が載せられているという。なお、一斑というのは全体の中の一部分という意味である。当時、能楽の源流について隼人舞《はやとまい》から曲舞《くせまい》（室町時代に演じられた舞を伴う謡《うたい》）が分かれ、そこから能楽へと発展したという説が提唱されていたが、東伍はこの説に疑問を持っていたという。

千田稔は『地名の巨人　吉田東伍』の中で、東伍の能楽についての関心は朝鮮半島からの渡来系氏族である秦《はた》氏に繋がるという伝承ではなかったかと想像している。東伍の研究課題の一つは日本と朝鮮半島の人種的・文化的繋がりの究明であり、能楽についての興味もこのようなことを考えていたことが動機になったのではないかと述べている。

東伍は能楽の源流についての論文の中で律令の解釈書である『令義解《りょうのぎげ》』を引用し、雅楽寮《うたりょう》の部に雅楽《ががく》・正舞《せいまい》・雑楽《ざつがく》の区別があり、雑楽は伎楽《ぎがく》（面を被《かぶ》り音楽に合わせて演ずる古代の舞踊劇）のこと

を指し、聖徳太子の時代に味摩之《みまし》という百済人によって伝えられたもので、呉《くれ》の舞とも呼ばれ、舞に用いる面が法隆寺に伝えられていると記している。

新井白石はこの雑楽が猿楽《さるがく》となり、やがて能楽という形式が作られたと述べているが、後になってこの説を放棄したといわれる。しかし、東伍はむしろ白石説が正しいという立場を採っていたという。伎楽は面を付けるので能面と通じるとし、東伍は能の源流を伎楽に求めたのであろうが、今日では中国から伝来した散楽《さるがく》と繋がりがあるというのが通説になっているといわれている。

また、東伍は先の論文を受ける形で『能楽』第三巻六号に「観阿弥及世阿弥につきて」と題する一文を寄せ、観阿弥と世阿弥の出自について考察している。観阿弥の出自を伊賀国の服部《はとり》氏であるとする説に対して、東伍は大和国の服部氏であると主張している。その理由を東伍は次のように述べている。

第一に観世流の故地である大和国結崎《ゆうざき》には延喜式内社である服部神社が鎮座していることを明らかにした。第二に『法隆寺古今目録抄』に記されている「長谷河秦氏者、河勝之余流也」という一文を引用し、観世流の起こった大和結崎は長谷川（初瀬川）の岸に当たるのではないかと論じている。したがって、観世の本貫の地が伊賀というのは信用できないと断言したのである。加えて、観世の家では稲荷神《いなりしん》を祭っているが、稲荷は秦氏の氏神であることから、観世が秦姓服部氏であることの傍証であるとしている。

しかし、その後の研究によって観世の出自に関する東伍の解釈は次のように修正された。すなわ

ち、元祖の観阿弥は伊賀に座を立てた後、大和の結崎村へ移り、座の名を結崎座と改めたというのが今日の通説となっている。また、服部神社の所在地も結崎ではないそうである。

東伍は明治四十一年（１９０８）に『能楽』第六巻六号に『世《ぜ》子《し》六十《ろくじゅう》以《い》後《ご》申楽《さるがく》談儀《だんぎ》』（単に『申楽談儀』とも）について報告している。これは世阿弥の晩年の芸談を次男の観世元能《もとよし》が筆録したものとして知られている。東伍が接したという『申楽談儀』は国学者の小杉榲邨《すぎむら》の『徴古雑抄』に収録されていたもので、東伍は明治三十八年（１９０５）にこれを借覧して筆写したという。東伍はこれを他書と比較して貴重な古典であるとし、猿楽が成立した頃の事情はこの書以外には記されてはおらず、能楽史の根本資料と位置付けたのである。

東伍がこの校註本を刊行するために専心していた頃、巻末が欠損していたのを惜しみ、何時の日にか発見されるのを期待していたという。その矢先に世阿弥の遺著が発見されたという知らせを受け取り、能楽研究史上画期的な発見になろうと感じたそうである。

この時、東伍は新発見のこの資料を直ちに閲覧することはできなかったが、明治四十一年（１９０８）に帰京した時に改めて能楽文学会の名でこれを借覧したという。翌年、この資料は吉田東伍校註の『世阿弥十六部集』として能楽会より刊行され、世阿弥研究に大きな展望を開いたといわれた。この刊行が如何に大きな衝撃を関係者に与えたかは、大正八年（１９１９）に刊行された高橋源一郎編の『追懐録』に寄せられた坪内雄蔵（逍遥）の「我文芸史に於ける吉田博士の功績」に記された文からもうかがい知ることができるという。

なお、この時に東伍が借覧して筆写したという『世阿弥十六部集』の底本は、銀行財閥として知られた安田善之助の所蔵していたものであるが、大正十二年（１９２３）九月一日の関東大震災による火事で焼失してしまったそうで、今では東伍によりまとめられた校註本が残されているだけであるという。

明治四十三年（１９１０）八月、東日本は豪雨に見舞われ、東京では荒川や利根川が氾濫して十二万戸が浸水したといわれる。この年、東伍は利根川を中心とした関東地方の河川の変遷や治水の歴史をまとめた『利根治水論考』を日本歴史地理学会から出版した。この中で東伍は、自分は歴史の研究家であるが、関東大水害を前にして自分の学問や歴史の研究を役立てたいと思うのが研究者としての務めではないかと述べているという。

また、この年は韓国併合が行われると同時に、喜田貞吉により編集された国定教科書の『小学日本史』の記述を巡り論争が起きた年でもあった。それは天皇家の系譜を大覚寺統系の南朝と持明院統系の北朝の何れを正統とするのかという有名な「南北朝正閏《せいじゅん》問題」である。新聞もこの問題を大々的に取り上げ、政府は南朝こそ正統とする『大日本史』の見解を公的なものとした。これがもとで喜田は文部省を休職となったのである。

明治四十四年（１９１１）二月の『東京朝日新聞』に東伍の談話として「北朝が正統なり」という記事が掲載された。その理由として東伍は次のように述べている。

第一に、当時の『太平記』や『梅松論』のような南朝方の書物にも北朝の年号が用いられており、

その作者たちも北朝を正統と認識していたと思われる。仮に南北朝ということにしても、実のところは足利氏や新田氏および楠木氏らの武門の権力争奪問題であり、南北朝のいずれを正閏としても皇室には何の影響も及ぼさないという。

第二に、南朝正統論は水戸の『大日本史』が中国の蜀と魏のいずれが正閏かを論じたことに習って我が国の南北朝の正閏を定めようとしたものであり、明治の王政復古が南朝の理想の実現と見なして南朝正統論となったまでのことであるが、東伍自身は個人的には北朝正統論であると述べている。

次いで、東伍は雑誌『太陽』第十七巻五号に「皇位正統の所在」という一文を寄せ、暗の内に喜田を弁護している。すなわち、文部の一属僚（喜田のこと）の講演の不謹慎を責めてこれを退けながらこのような始末に立ち至ったのは、政府の不注意、不統一、不見識の積み重ねによる結果であると述べている。なお、喜田の文部省休職処分の後、教科書の南朝という用語は「吉野朝」と改められた。

東伍は国家が教育に介入するのはよくないという考え方の持ち主であったようで、国定教科書にも反対であったと思われる。加えて、東伍の歴史研究の基本的姿勢は前述した久米邦武の「祭天古俗論」を支持し、田口卯吉に反論した時から不変であったように思われる。東伍は言論の自由や学問に対する国家権力による圧力には徹底的に抗戦するという反骨精神の持ち主であったのであろう。

以上のように東伍の著作活動は多方面に及んでいた。大正三年（１９１４）には『国史百科大辞典』の編纂を始めている。三年有余に渡って資料を収集して執筆に取り掛かったが、体調を崩してこの辞書は未完に終わったという。同六年（１９１７）より転地療養のために千葉県本銚子町（現銚子市）

に滞在していたが、翌年（１９１８）一月二十二日、五十三歳九箇月で急逝した。

東伍の亡くなった翌年の大正八年（１９１９）には、その後を追うようにして次男の千秋が二十四歳の若さで夭逝した。千秋は後に「琵琶湖周航の歌」の原曲となった「ひつじぐさ」の作曲者として知られるようになった。

「琵琶湖周航の歌」誕生の経緯およびその歌の作曲者である吉田千秋の短い生涯について知ったのは、小菅宏の著した『「琵琶湖周航の歌」誕生の謎』を読んでからである。この歌は戦前から広く愛唱され、多くのレコードやＣＤが発売された。中でも昭和四十六年（１９７１）に発売された加藤登紀子の歌は青春賛歌として大ヒットして全国に広がった。

この歌の作詞者は、明治三十年（１８９７）八月三十日に長野県諏訪郡湊村花岡（現岡谷市湊）で生まれ、大正五年（１９１６）に旧制第三高等学校大学予科第二部（理工系）乙類（理科）に入学した嶽水会水上部（ボート部）の部員であった小口《おぐち》太郎であることは当初から分かっていたが、作曲者は長い間不明のまま琵琶湖周航の折に部歌に代わって愛唱されて来た。

三高水上部の琵琶湖周航は明治二十六年（１８９３）に始められたという。大津を出発して近江舞子、次いで今津で宿泊し、竹生島を経由して彦根で泊まり、近江八幡にある西国霊場第三十一番札所である姨綺耶山《いきやさん》長命寺《ちょうめいじ》に立ち寄った後、大津に戻るという三泊四日の遠漕として知られる。

大正六年（１９１７）の周航の折に、小口は今津の宿で自作の七五調の詩を部員に披露し、同級の

谷口謙亮が二年先輩の岡本愛祐から教えられた「ひつじぐさ」という曲に合わせて歌ったのが始まりとされている。この時、歌詞は未完成であったが、翌年の周航時には次のような完成した歌詞が披露された。

我は湖《うみ》の子さすらいの　旅にしあればしみじみと
昇る狭霧《さぎり》や楽浪《さざなみ》の　志賀の都よいざさらば

松は緑に砂白き　雄松ヶ里《おまつがさと》の乙女子は
赤い椿の森蔭に　はかない恋に泣くとかや

波の間に間に漂えば　赤い泊り火なつかしみ
行方定めぬ波枕　今日は今津か長浜か

瑠璃《るり》の花園珊瑚《さんご》の宮　古い伝えの竹生島
仏の御手《みて》に抱かれて　眠れ乙女子安らけく

矢の根は深く埋もれて　夏草繁き堀の跡

古城に一人佇《たたず》めば　比良も伊吹も夢のごと
西国十番長命寺　汚れの現世遠く去りて
黄金の波にいざ漕がん　語れ我が友熱き心

しかしながら、原曲「ひつじぐさ」の作曲者が明らかになるのは遥か後世になってからである。古い歌集の作詞・作曲はいずれも小口太郎となっており、その後の歌集は作曲者不詳と記されていた。やっと昭和五十年代になり一部の資料は原曲あるいは作歌は吉田ちあきと改められたのである。

作曲者である吉田千秋の名前を最初に発見したのは京都大学の卒業生の堀準一であった。堀が「ひつじぐさ」という曲の存在を知ったのは昭和四十六年（１９７１）であり、その楽譜を入手したのは同五十一年（１９７６）であったという。

歌曲「ひつじぐさ」は大正四年（１９１５）に発行された『音楽界』八月号の巻頭に掲載されており、当時二十歳の吉田ちあきが「睡蓮（Ｗａｔｅｒ　Ｌｉｌｉｅｓ）」という自身の訳した詩に曲を付けたものであることを知った堀は、原詩の存在を英国国立図書館で確認し、この詩が三高に入って来た道筋を追跡調査した。

昭和五十四年（１９７９）の秋、堀は三高を卒業したラグビー選手であった真鍋左武郎の保存していた手書きの譜面を入手した。この譜面には「睡蓮」という題名が付けられており、歌詞から「ひつ

じぐさ」であることが確認された。

ところが、堀は千秋の実像を知らないまま、平成三年（1991）に心筋梗塞により亡くなってしまった。しかしながら、堀が生前に真鍋から入手したという譜面には「吉田ちあき作歌」と明記されており、「琵琶湖周航の歌」の原曲となったのは吉田千秋により作曲された歌曲「ひつじぐさ」であることが明らかにされたのである。

四部合唱曲である「ひつじぐさ」の楽譜を見れば、ト長調で作られた四分の六拍子の弱拍の曲であることが分かる。しかし、現在の歌は何故かへ長調に転調された八分の六拍子の曲である。なお、小口自身は「ひつじぐさ」よりも唱歌の寧楽《なら》（奈良）の都」のメロディーを使うつもりであったらしいが、谷口謙亮たちは一致して「ひつじぐさ」の曲の調べを推奨したといわれる。

ひつじぐさ（羊草、未草）というのは大和言葉で、睡蓮のことである。学名を水の妖精を意味するニンフェアといい、直径5㎝程の真っ白な花を丸い葉の間に咲かせる多年草植物である。ひつじぐさの名称の由来は未の刻すなわち午後二時頃に開花することによるが、実際には午前十一時頃から咲き始め、夕刻の四時頃にはつぼむという。一つの花は三日つまり三度程咲いた後、水の中に潜って実を付ける。現在、目にするひつじぐさは日本で唯一の睡蓮であり、野生の睡蓮から改良された主としてヨーロッパ産のものである。

参考までに「ひつじぐさ」と題する千秋の七五調の訳詞を次に示しておく。

おぼろ月夜の星あかり　かすかに池の面《おも》に落ち
波間《さざなみ》に浮かぶ数知らぬ　ひつじ草をぞ照らすなる
雪かとまがふ花びらは　こがねの蘂《しべ》を取り巻きつ
波のまにまに揺げども　花の心は波立たず

風吹かば吹け空曇れ　雨降れ波立てされながら
徒波《あだなみ》の下底深く　萌えいでたりぬひつじ草

その千秋の短い生涯はどのようなものであったのか。明治二十八年（１８９５）二月十八日、千秋は吉田東伍の次男として新潟県中蒲原郡小合《こあい》村大字大鹿（新津市大鹿、現新潟市秋葉区大鹿）で生まれた。二歳で上京した後、牛込区（現新宿区）の赤城小学校に入学したが、一年生の夏には大鹿に戻り小合村小鹿《こじか》小学校に転校した。四年生を終了した明治三十八年（１９０５）に新津町の新津高等小学校に進学したが、翌年には再び上京して赤城高等小学校に転校した。

明治四十年（１９０７）に府立第四中学校（現都立戸山高等学校）に入学し、大正元年（１９１２）に同校を卒業し、東京農科大学（現東京農業大学）に入学した。しかし、間もなく体調を崩し、同二年より休学した後、程なく退学した。四箇月余りの入院を経て母方の実家で療養生活を送ることに

し、同四年（１９１５）に大鹿へ移った。

千秋の病状が気掛かりであったのか、東伍は大正六年（１９１７）の夏に大鹿に帰省している。二人は大鹿の屋敷で向かい合った。千秋が帰郷して既に丸二年が過ぎていた。千秋は外国語、神話の研究、動植物学、天文学、方言学、絵画、訳詞、作曲・作詞と何でも手掛けたが、すべて独学であったという。けれども、父東伍の専門である歴史地理には一切手を出さなかったという。父に対する葛藤があったのであろうか。

翌大正七年（１９１８）七月、千秋は専門医の診察を受けるため上京し、専門病院や大学病院で診察を受けたが、千秋の病状は予想以上に進行しており、病状の快癒は不可能という診断であった。この年の十月に千秋は大鹿に帰り、翌大正八年二月二十四日に肺結核で二十四年の短い命を終えたのである。

「琵琶湖周航の歌」が誕生した頃、千秋は新潟に帰省していたが、自分の作曲した旋律でこの歌が歌われたことなど知る由もなかった。それどころが、千秋と小口太郎は生前に会うこともなかったのである。

なお、千秋の亡くなった大正八年（１９１９）に小口は東京帝国大学理学部に入り、同十一年に卒業するが、同十三年に短い生涯を閉じたのである。この歌の研究者として知られる飯田忠義によれば、失恋による自殺であったという。

『大日本地名辞書』を十三年の歳月をかけてたった一人で完成させた日本の歴史地理学の先駆者である吉田東伍の人生と、短い人生を必死に生きて「ひつじぐさ」というたった一曲だけを残して駆け抜けて行った吉田千秋の運命を重ね合わせると、「人は誰でもそれぞれ何か使命を背負って生きるものである」と述べた小菅宏の言葉を想い起こす。それと同時に、自分は一体この世に何を残したのであろうかと自問せずにはいられない。

参考文献

１　吉田東伍『大日本地名辞書』（初版本全五巻）　冨山房　１９００〜１９０７

２　吉田東伍『大日本地名辞書』（縮冊版全七巻）　冨山房　１９２２〜１９２３

３　吉田東伍『大日本地名辞書』（増補版全七巻）　冨山房　１９３７〜１９３９

４　千田　稔『地名の巨人　吉田東伍』角川書店　２００３

５　志賀重昂『日本風景論』岩波文庫　１８９４

６　倉西裕子『日本書紀の真実』講談社選書メチエ　２００３

７　小菅　宏『「琵琶湖周航の歌」誕生の謎』日本放送出版協会　２００４

5　大本教弾圧事件——京都府亀岡・綾部

大本教《おおもときょう》というのは、明治二十五年（１８９５）に成立したとされ、京都府亀岡市とその少し北西に位置する綾部市とに本部を置く神道系の新興宗教として知られている。大本教とその弾圧事件の詳細について知ったのは、池内紀《おさむ》の著した『きまぐれ歴史散歩』の中に載せられていた「大本弾圧」を読んでからである。

しかしながら、それよりも四十年以上も前に司馬遼太郎が『街道をゆく　四』の「丹波篠山街道」の中で「丹波亀岡の城」と題して大本教弾圧事件について記しているのを失念していた。司馬はこの中で「国家主義的な国家は民衆を動かすような力を持った民間団体を喜ばない。ましてや、宗教的尊厳性において国家と肩を並べるような新興宗教勢力を喜ぶはずがない」と述べるとともに、江戸時代にはキリシタンや日蓮を教祖とする不施不受派《ふせふじゅ》が弾圧され、明治以降は天理教なども手痛い弾圧を受けたと書いている。

大本教も大正十年（１９２１）と昭和十年（１９３５）との二度にわたる弾圧を受け、特に二度目の弾圧は宗教史上かつてない程の国家権力による徹底的な破壊行為であったという。そこで、大本教とは如何なる宗教であり、その弾圧事件の真相を知りたくて亀岡および綾部にある大本教本部を訪れることにし、平成二十八年（２０１６）の秋、亀岡を目指して出発した。

最近の高速道路網の整備は著しく、静岡県西部より亀岡・綾部までは高速道で結ばれており、亀岡までは２６０㎞、三時間半程で行ける距離である。東名・新名神を通り、名神瀬田東インターで京滋バイパスに入り、名神大山崎ＪＣＴで京都縦貫自動車道に入れば、20㎞余りで亀岡インターである。

この縦貫道は古代山陰道の大枝駅《おおえのえき》の置かれていたといわれる大枝を過ぎると、街道地名として知られる沓掛《くつかけ》で国道９号線と交差しているが、程なく別々に山城（古くは山背と表記）と丹波との国境である「老ノ坂《おいのさか》」へと向かう。なお、坂というのは峠の古い呼称であるという。間もなく縦貫道の方は新老ノ坂トンネルを抜けて亀岡市に入る。その直ぐ北を走る国道９号線は亀岡市に入った後に老ノ坂トンネルに入るが、その入り口の左手前から山の方に向かう狭い坂道がかつての老ノ坂の旧道であるというが、最早よく分からないようである。この老ノ坂は明智光秀の運命を変えた峠としてよく知られている。光秀は天正十年（１５８２）にこの老ノ坂を下って京都に攻め入ったが、三百五十三年後に亀岡と綾部にある大本教本部を急襲しようとして検察側は逆に京都から老ノ坂を上っていった。

信長は天正三年（１５７５）に丹波国の平定を決意し、京都代官の任にあった光秀に山陰道の丹波の平定を命じた。しかし、光秀は地の利を得て戦いを展開する波多野氏や国人《こくじん》たちを服属させることができず、丹波平定は遅れた。ようやく天正七年に八上《やがみ》城（現篠山《ささやま》市八上にある高城山）の波多野秀治兄弟を攻略し、丹波平定を信長に復命したのである。

その結果、光秀はそれまでの近江国滋賀郡に加えて丹波一国を与えられて二十九万石の大守となり、大堰《おおい》川（保津《ほづ》川）右岸の小丘を利用して弟の左馬介光春に縄張りを命じて築城させ、丹波支配の拠点とした。三層の天守が亀のような形をした巨岩の上に築かれたことから亀山城と呼ばれたという。なお、現在の亀岡という地名は、明治二年（１８６９）に亀山藩主の松平信正が版籍を奉還して藩知事に任命された時に伊勢国亀山（現三重県亀山市）と混同されることから亀岡と改めたことによ

る。

光秀は政略よりも行政手腕に秀でていたようで、丹波国に善政を敷き、領民からは文武に優れた名将として慕われたらしい。光秀による丹波の治政はわずか数年に過ぎなかったが、領民は光秀を崇拝し、江戸時代に入ってからも農民たちは光秀の霊を祀っていたとさえいわれた。

しかし、その光秀もある時から信長に疎《うと》んじられるようになり、やがて冷遇されて行った。天正十年（１５８２）五月十七日、光秀は備中高松（現岡山市）で毛利勢と対峙している秀吉の与力、つまり加勢を命ぜられた。出兵の準備のために安土を発った光秀は近江の坂本城に立ち寄り、五月二十六日に亀山城に入った。翌日、光秀は亀山城の北東にある愛宕《あたご》神社に参籠し、神前で三度も御みくじを引いて神意を占ったといわれる。翌二十八日には連歌師の里村紹巴《さとむらじょうは》らと連歌を興行し、光秀は次のような発句を読んだことで知られている。ときは土岐《とき》に通じ、土岐氏に繋がる明智氏が天下を治めることをほのめかしたのである。

ときハ今あめが下知る五月かな

光秀はその日の内に亀山城に帰ったが、城内は備中への出陣の準備に忙殺されていた。安土を発った信長は五月二十九日に京都の本能寺に入った。明けて六月一日は光秀の出陣の日である。その日の申刻《さるのこく》（午後四時）の頃、光秀は家中の物頭に京都の森蘭丸より飛脚があり、中国出陣の人馬の様子を

信長公に御覧に入れよとの御諚《ごじょう》（命令）であると告げた。この命令により光秀の軍勢が亀山城を出発し、播州の中国路へ出る三草越《みくさごえ》ではなく、京都へ通じる老ノ坂へと向かうことに誰も疑問を感じなかったのである。酉《とり》刻（午後六時）に亀山城を発した一万三千の兵は、老ノ坂を越えて沓掛で兵糧を使い、桂川に至った時に全軍に武装を整えさせ、火縄に点火して引き金に挟ませた上で、始めて有名な「敵は本能寺にあり」と告げたのである。こうして光秀は京の街に入り、本能寺に信長を襲ってこれを討ち取ったのである。

光秀も本能寺を襲うというのは馬鹿げた企てであると感じていたであろうと想像できる。何故ならば、ここで自分が信長を討てば、織田諸将との天下取りの競争を招くだけであるからである。それにもかかわらず、光秀が本能寺で信長を討とうとしたのは何故なのであったのか。

一説では信長から領国の丹波を召し上げられ、未だ毛利の勢力下にある中国地方の切取り勝手と申し渡されたというのはよく知られているが、謀叛の真因は今も不明のままである。最近では信長が天下を望む家康を討つために光秀を京に呼び寄せたのではないかという説まで実《まこと》しやかに論じられているが、あの小心者の家康にそんな度胸があったとは考えられない。それよりも、光秀も戦国武将の一人として天下統一の夢を抱いたとしても不思議ではないと思う。

さて、大本教は明治二十五年（１８９２）に出口なをによって開かれた。なをは天保七年（１８３６）に丹波国福知山（現京都府福知山市）の桐村五郎三郎の長女として生まれ、嘉永六年（１８５３）

に十七歳で福知山の東の綾部の坪内村に住む叔母である出口ゆりの養女となった。安政二年（1855）、十九歳になった出口なをは大工の政五郎を婿養子に迎え、極貧の中で三男五女を儲けて養育した。

五十六歳になったなをは明治二十五年二月三日に突然発作を起こして帰神し、神憑《かみがか》りの状態に陥った。なをは国常立尊《くにとこたちのみこと》の言葉を神の意志として書き留め始めた。これは全文ほぼ平仮名で書かれており、「御筆先《おふでさき》」と呼ばれた。その最初のものは次のようなものであった。

> 三千世界一度に開く梅の花、艮《うしとら》の金神《こんじん》の世に成りたぞよ。梅で開いて松で治める神国の世になりたぞよ。日本は神道、神が構《かま》はな行けぬ国であるぞよ。（中略）天理・金光・黒住・妙霊、先走り、とどめに艮の金神が現れて、世の立替《たてかえ》を致すぞよ。（中略）三千世界の事は、何一つ判らん事の無い神であるから、淋しく成りたら、綾部の大本へ出て参りて、お話を聞かして頂けば、何も彼《か》も世界一目に見える神徳を授けるぞよ。

金神信仰は金光教《こんこうきょう》の強い影響を受けたものであったが、その予言や病気直しの祈禱《きとう》はやがて「綾部の金神さん」として知られるようになったという。明治三十二年（1899）には京都府南桑田郡曽《そ》我部《かべ》村（現亀岡市曽我部町）穴太《あのう》出身の上田喜三郎を大本教団に迎えて教義の体系化が進められた。翌年、喜三郎はなをの五女であったすみ（すみことも）と結婚し、名前を出口《でぐち》王仁三郎《おにさぶろう》と改め、聖師

として教団の基礎づくりに当たったという。

大正五年（１９１６）には教団名を「皇道大本」と改称し、なをの書き留めた御筆先を編纂して大本の根本経典である『大本神諭《しんゆ》』として発表した。なをは同七年に八十三歳で没し、すみがその跡を継いで二代目の教主となった。同八年に王仁三郎は旧亀山城址の本丸および二ノ丸跡の土地を買い取り、この地を大本発祥の地である綾部と並ぶ聖地としたのである。亀岡の穴太で生まれ育った王仁三郎は亀山城に深い思い入れがあったようで、城跡をできる限り昔のままに再現しようとし、崩れた石垣を積み直すなどしたという。

大正九年（１９２０）九月の全国警察部長会議において大本教の取締りが重要議題となったという。京都府警察部長が大本教に関する詳細な報告を行い、時の検事総長であった平沼《ひらぬま》騏《き》一郎《いちろう》は大本教弾圧を訓示したという。司馬も『街道をゆく　四』の中で大本教弾圧を決意して実行したのは平沼であると書いている。

司馬によれば、大本教は教義の面からも当時の感覚からみても弾圧する程の必要はなかったと思われるが、それを敢えて実行したのは平沼個人の思想的判断によるものであったという。この教団が出口王仁三郎を「聖師」とし、王仁三郎自身の言動や教団内での崇敬のされ方が天皇に擬似している様子があるというのが平沼をして検挙へと決断せしめたと書いている。例えば、大本の外部団体である「昭和青年会」は軍隊まがいの組織を持って王仁三郎の警護に当たったという。また、彼は天皇のように白馬にまたがって青年隊を閲兵し、外出時には青年隊がオートバイで先導したそうである。

なお、平沼は単なる法務官僚ではなく、「国本社《こくほんしゃ》」と呼ばれる思想右翼団体を主導し、「天皇機関説」を排撃する事に積極的に動いていたらしい。平沼はかねてから重臣の西園寺公望からは「国家の官吏がそのような思想右翼団体を主宰するのは好ましくない」と諭されていたといわれている。しかし、彼はむしろこの団体を足場にして陸軍と結託し、平沼内閣の樹立を目論《もくろ》んでいたらしい。国本社の目指すところはドイツのナチやイタリアのファシストに酷似していたが、平沼にはヒトラーやムッソリーニのような大衆的人気はなかった。

大本教の社会的影響力を危惧した政府は、『大本神諭』を発禁処分とし、大正十年（１９２１）に不敬罪や新聞紙法違反などを名目に幹部を一斉検挙し、綾部にある本部の神殿や開祖なをの墓を破壊した。大本教の教義の中で王仁三郎が世界を統一し、帝都を綾部に移し、神勅を受けて政務を天皇に伝え、天皇がこれに従って政務を行うとされている部分が問題にされた。

その結果、一審および二審ともに有罪とされたが、王仁三郎は綾部の本宮山神殿が破壊される中で、亀岡の高熊山で修行した折に実際に見たという神界の様子を口述した『霊界物語』を筆録して新たに大本教典とし、名称を再び「大本」と改めて再建に乗り出したという。

昭和二年（１９２７）の大正天皇崩御に伴う大赦令によりこの事件は免訴となったが、王仁三郎の行動は国家当局を刺激し、第二次大本教弾圧の導火線となったことは否定できない。

『大本襲撃　出口すみとその時代』を著した早瀬圭一は、出口すみの生涯に光を当てつつ、特に日本近代史上最大の宗教弾圧である第二次大本事件の真相を明らかにし、その時代を検証しようとした。

第二次大本教襲撃を指揮した内務省の警保局長の唐沢俊樹は「今日こそ大本教を地上から抹殺する方針である」との声明を出し、京都府警の特高課長の杭迫軍二《くいせこぐんじ》は昭和十年（１９３５）十二月八日に五百人もの警官を京都市内に集結させ、大本教本部のある綾部および亀岡へと向かったのである。

綾部へ向かう隊は午前一時に京都を出発して午前四時に綾部に入り、綾部署員と合流して三百人の警官が本部を包囲した後、午前四時半に総本部・教主殿・五六七《みろく》殿・穹天閣《きゅうてんかく》などに突入した。亀岡では午前四時半に武装警官が苑内の建物を襲い、三代目教主出口直日《なおひ》の夫である出口日出麿《ひでまろ》らを検挙した。

一方、王仁三郎が松江に出掛けたという情報を得た内務省の永野事務官らは直ちに松江に急行し、島根県警の応援を得て松江にある大本別院に滞在中の王仁三郎とすみを逮捕したのである。

治安当局は強制捜査を開始して間もなく綾部・亀岡両神苑の明け渡しを迫った。当局は最初から建物だけではなく、教団の財産一切の処分を強行する方針を立てていたのであった。昭和十一年（１９３６）五月から大本教本部や全国各地の別院の破却作業が本格的に始まり、特に亀岡城址にある月宮殿の破壊にはダイナマイトが使用されるという激しいものであったという。

この襲撃により一千人近い大本教幹部や信者が逮捕された。逮捕者の取調べに当たったのは杭迫軍二率いる京都府警特高課で、竹刀・焼け火箸《ひばし》・水責めなどのあらゆる拷問の道具と手段が用いられたという。京都市内の警察署に分散留置された大本関係者への拷問は連日にわたり早朝から深夜まで続けられ、発狂寸前まで追い込まれ、自殺者も相次ぐという壮絶なものであったらしい。

一審の公判は昭和十三年（１９３８）より京都地方裁判所で始まり、王仁三郎以下六十余名が治安維持法違反および不敬罪で起訴された。早瀬圭一によれば、検事により起訴された核心部分は次のようであった。大本は宗教に非ず、宗教を表看板とした世界覆滅の陰謀結社である、すなわち、王仁三郎は自己が世界を統一し、その独裁君主にならんと欲し、宗教の美名に隠れて秘密結社を組織していた。したがって、万世一系の皇統を否認するものであり、治安維持法第一条の国体を変革する目的を持って結社を組織した罪に該当するというのである。しかし、どのような証拠に基づき国体の変革を企てたというのであろうか。如何にも牽強《けんきょう》付会《ふかい》としか言いようがない。

　昭和十五年（１９４０）に一審の判決が下されたが、直ちに控訴手続きが取られた。同十七年に二審の判決が下され、王仁三郎は不敬罪で懲役五年、但し未決の勾留期間を差し引いて服役の必要はなしとなり、治安維持法に関しては無罪となった。昭和十九年（１９４４）に大審院に上告され、終戦直後の同二十年九月に上告が棄却され、原審の判決が確定したが、翌十月の大赦令公布により不敬罪も免訴となり、大本は「白日の下に」無罪となったのである。

　余談になるが、大本教弾圧を決意して実行に移した平沼騏一郎は第二次大本教弾圧事件の第一審公判が行われていた昭和十四年（１９３９）一月に第一次近衛内閣の後を受けて多年望んでいた首相に就任した。この頃、ヨーロッパの国際情勢は新しい事態に向かって動き出していた。日本との同盟交渉の進捗《しんちょく》しないのに業を煮やしたドイツのヒトラーは、密かにソ連との不可侵条約締結の交渉を進め、八月に同条約の締結を伝えてきた。ドイツは日独伊防共協定で仮想敵国としていたソ連と手を結

んだのである。

こうして国際情勢への見通しを失った平沼は、組閣七箇月で「欧州の天地は複雑怪奇なる情勢を生じた」という意味不明な言葉を残して総辞職したのである。司馬遼太郎によれば、この声明は外交問題に見当が付かなくなったという意味であり、自己の無能を理由に内閣を投げ出した例はないと手厳しく批判した。

少々冗長になったが、こうして二度にわたる大本教弾圧事件は解決したのである。王仁三郎は昭和二十一年（１９４６）に大本教を綾部に「愛善苑」として再発足させ、亀岡の跡地は「天恩郷」として生産・食糧増産運動の本部としたのである。同二十三年には「大本愛善苑」と改称して世界連邦運動に取り組み、同二十七年（１９５２）には再び名称を「大本」と改めた。

現在の大本教本部は、亀岡市にある天恩郷を宣教の場とし、綾部市の梅松苑を祭祀の場としている。これからその二箇所を訪れることにして京都縦貫道に入った。新老ノ坂トンネルを抜ければ程なく亀岡インターである。ここで一般道に出ると、かつては摂丹街道と呼ばれた国道４２３号線である。ここを左折すれば法貴《ほうき》峠を経て摂津に至り、右折すれば国道９号線との交差点の加塚である。加塚の交差点で国道９号線を横断し、亀岡市役所の前を東に進むとＪＲ山陰本線亀岡駅である。その先を右折すると、右手にかつて明智光秀の居城であった旧亀山城の濠の南郷池があり、その南に二万五千坪の大本天恩郷の森が広がる。

天恩郷の正門の先を右折すると、駐車場の先に大きな三階建ての「みろく会館」と参拝者用宿泊設備の「安生館」がある。みろく会館の一階は受付と売店、二階はギャラリーになっている。その右手には未だ木の香りがしてくるような「神教殿」と呼ばれている大道場修行専用の講堂が佇んでいる。
みろく会館と神教殿の間の片隅には、ポーランドのザメンホフにより考案された国際共通語のエスペラント語の刻まれた碑がある。大本では民族や宗教を越えて国際交流のために大正十二年（１９２３）にエスペラント語を採用し、普及に努めたという。碑にはエスペラント語で「一つの神、一つの世界、一つの言葉」と刻まれていた。

亀岡市天恩郷にある「万祥殿」

　ここから北側一帯が旧亀山城の遺構の地であり、現在は天恩郷の建物が立ち並んでいる。神教殿の前を北へ進むと、左側にはかつての内濠跡である万祥池があり、右側一帯は二ノ丸跡のようである。左手一帯には一見して積み直されたと思われる石垣が続く。この地点で左に折れて橋を渡ると、正面には「万祥殿」が静かに佇んでいる。この建物は昭和三十三年（１９５８）に造られた天恩郷の中心の神殿である。中には大天主太神《おおもとすめのおおかみ》と総称される宇宙の創造主神である天之御中主大神《あめのみなかぬしのおおかみ》、大地創造の祖神である国常立尊《くにとこたちのみこと》（厳《いづ》の御霊《みたま》）とその妻神の豊雲野尊《とよくものみこと》（瑞《みづ》の御《み》

復元された旧亀山城本丸の高石垣

霊《たま》）など八百万《やおよろづ》の神々が祀られているそうである、

万祥殿の左手にある小さな門をくぐると、もう一つ同じような門が現れる。この門のあった辺りが旧亀山城の本丸の入り口であったといわれている。その先の右手一帯が天守台であった高石垣である。但し往時の石垣は既に失われてしまっている。亀岡の穴太で生まれた王仁三郎は、荒れ果てた旧亀山城址を目にして昔の姿に戻そうとし、大正八年（１９１９）に本丸および二ノ丸址を買い取り、大本教信徒を動員して土中から石を掘り出し、旧亀山城の石垣を復元した。

しかし、第二次大本教事件により昭和十一年（１９３６）にすべての建造物と共に再び石垣は破壊されてしまった。王仁三郎は昭和二十一年（１９４６）から石垣の再復興に取り組んだのである。今、目にする石垣はこのようにして復元されたものであるが、石垣の下部の部分は光秀の築城した当時の穴太

積みが残っているといわれるが、どうであろうか。

この石垣の右手にある石段の上の大銀杏《おおいちょう》は光秀の手植えと伝えられていたが、江戸時代中期頃の台風により倒れてしまい、若木を植えたという記録が残されていた。この左の天守台には数千個の石をドーム状に積み上げ、頂上に天拝石を置いた「月宮宝座」があるというが、ここからは見えない。この辺りは天恩郷の聖壇となっており、立ち入ることはできない。

昭和二十四年（１９４９）にこの城跡を訪れた司馬遼太郎は、『街道をゆく　四』の中で次のように書いている。「城内にはその周囲にこなごなにされた石柱や石像などの砕片が未だ片づけられずに散らばっていた。これらは城内の月宮殿の破壊のあとだという。これを破壊するために国家がダイナマイト三千発を使用したという。この瓦礫の中に粗末な木造平屋建の大本教本部があった」と記し、続けて「本丸台にのぼると樹齢何百年という大きな樟《くすのき》が枝を伸ばしていた。幹の老いぶりから光秀の頃から生えていたのかも知れないと思ったりした。亀岡（亀山）城といえば光秀を連想させるが、この連想は大本教と濃厚に重なって検事総長平沼の脳裏を去来したのかもしれない」と記している。

亀岡を後にして再び京都縦貫道に入り、南丹《なんたん》市園部《そのべ》を通り、船井郡京丹波町で一泊した後、由良《ゆら》川の南岸に開けた綾部市にあるもう一つの大本教本部である「梅松苑」を訪れた。なお、綾部という町は古代の頃に織物の技術を持った朝鮮半島からの渡来人である漢部《あやべ》氏が開いたことからその名がある。

近世に入り徳川幕府は丹波国は京都に近いという地理的条件を考慮して重要な大名を配置しなかっ

た。関ヶ原の戦いの後、丹波国亀山は天領となり、慶長十四年（１６０９）に譜代の岡部氏が入府し、翌年には西国大名を動員して亀山城を整備した。その周囲には一万石から三万石余りの小大名を配置することにし、福知山には朽木《くつき》氏、柏原には織田氏、山家には谷氏、園部には小出《こいで》氏、そして綾部には九鬼《くき》氏を入れたのである。

九鬼氏というのは戦国時代には伊勢や熊野の海賊として知られていた。徳川幕府は大名が戦闘用の大型船を所有するのを禁ずるとともに九鬼氏を内陸の綾部に移して閉じ込めたのである。正に岡に上がった河童である。

国道１７９号線を北上して和田で国道９号線を横切り、北西20㎞程の地点にある須《す》知山《ちやま》トンネルをくぐり抜けて綾部市に入った。間もなく由良川の南岸沿いを走るＪＲ山陰本線の踏切の手前を左折すると、右手前方に五万坪に及ぶ大本教本部のある梅松苑の森が広がっている。車を止めて坂道を少し歩くと門の前に出るが、これは正門ではなさそうである。

この門を入ると、平成四年（１９９２）に完成したという「長生殿（本殿）」と呼ばれる木造銅板葺きの建物群の前に出る。「鶴亀殿」と呼ばれる前殿を前にして、中央に「長生殿」、その左に書院の「白梅殿」、右に「老松殿」が並んでいる。さらに、老松殿の右隣には能舞台を備えた「木《こ》の花閣《はなかく》」があり、各建物は渡廊で結ばれている。長生殿の先にある神明造《しんめいづくり》の神殿には宇宙の創造主神を始めとする大天主太神《おおもとすめのおおかみ》と総称される祭神が祀られており、老松殿の先には流造《ながれづくり》の神殿があり、歴代教主ならびに聖師や教主補の神霊が祀られているという。なお、これらの建物群の総敷地面積は一千七百四十坪

綾部市梅松苑にある「鶴亀殿（前殿）」（右）および「白梅殿（書院）」・「長生殿（本殿）」（左）

（5750㎡）となり、本造建造物としては世界一の広さになるそうである。

この長生殿の建物群の先は大本事件の折に強制的に破却された長生殿址であり、昭和二十一年（1946）に神体山の本宮山が築造され、山頂は月山不二と呼ばれているが、ここからは見えない。

大きな長生殿の建物群を案内してもらい見学した後、ここから北東の方にあるという「みろく殿」へと向かった。右手に昭和五十四年（1979）に梅松苑の教主公館として建造されたという「緑寿《ろくじゅ》館《やかた》」を眺めながら、なだらかな起伏の中の小径を進むと、やがて広々とした広場に出る。どうやらこちらの方が正門のようである。右手前方には大きな重層入母屋造りのみろく殿が佇んでいる。

このみろく殿も第二次大本教弾圧事件で取り壊されたが、昭和二十八年（1953）に再建された。中に入ると、二階まで吹き抜けの大空間は七

百八十九畳敷の大広間になっていて、正面中央には宇宙の創造主神である天之御中主大神《あめのみなかぬしのおおかみ》が祀られている。その右側は信徒の祖先を祀った祖霊社、左側は万霊を祀る万霊社になっている。なお、この建造物は平成二十六年（２０１４）に国の有形登録文化財に指定された。

話が少し横道にそれるが、弥勒殿のみろくとは弥勒菩薩《みろくぼさつ》を指すが、『日本歴史地名大系26　京都府の地名』の「大本本部」の項には「五六七殿」とか「五六七の世」などと記されている。問題は五六七と書きみろくと訓むのは何故かということである。弥勒菩薩は釈迦入滅の五十六億七千万年後にこの世に現れ、衆生《しゅじょう》すなわち人間を初めとするすべての生き物を救済してくれるといわれている。太陽のような星の寿命は百億年余りであり、太陽は誕生してから既に五十億年が経過しているといわれている。よって太陽は五十億年後には赤色巨星となり、やがて白色矮星《わいせい》となって地球の余命も尽きる。その時、地球上の生きとし生けるものを救ってくれるのが弥勒菩薩であり、五六七という漢数字を書き「みろく」と訓んだのではないかと思う。それにしても仏教界の先達《せんだつ》は太陽系の余命が五十億年余りであることを如何にして知ったのであろうか。もっとも人類がこれから五十億年も生存し続けるとは到底思われない。

大きなみろく殿の右手一帯には美しい山水の庭園が広がっており、その中央には「金竜海」と呼ばれる池がある。この池は王仁三郎の指示により大正三年（１９１４）から三年間かけて掘削されたという。池にはいくつかの島々が浮かんでおり、左の方には大八洲《おおやしま》神社の鎮座する大八洲がある。王仁三郎が大正五年に兵庫県高砂沖の神島から豊雲野尊の神霊を勧請《かんじょう》して祀ったといわれている。右の方

には沓島《めしま》（小島）・冠島《おしま》（大島）神社のある二島がある。明治三十三年（１９００）に開かれた地で、国常立尊《くにとこたちのみこと》の退隠の地とされている。地図を広げると、両島は丹後半島の伊根町の東方10㎞余り、舞鶴市の北方15㎞の海上に浮かんでいる。

金竜海の左には木立に囲まれるようにして「木《こ》の花庵《はなあん》」が静かに佇んでいる。この建物は京都府船《ふな》井《い》郡瑞穂《みずほ》町にあった岡花家住宅で、丹波地方に残る農家として最古の建物であり、江戸中期の典型的な農家洋式を伝えているという。地元では維持が困難となり、昭和四十四年（１９６９）に大本教が譲り受けて復元したそうである。桁行《けたゆき》12ｍ、梁間《はりま》９ｍ程の大きさの茅葺入母屋造りの妻入《つまい》りの建物で、民家建築として国の重要文化財に指定されている。

梅松苑を後にしてここから１㎞余り北にある「綾部グンゼスクエア」を訪れることにした。程なく江戸時代には九鬼氏二万石の城下町の中心であった本町通りに出る。東西の本町筋には瓦屋根と白壁の商家が残っているといわれるが、その町並みを目にすることはできなかった。そのまま本町通りを横切り北上するとＪＲ綾部駅の前の通りの西町の交差点である。その先のＪＲ山陰本線、続いて舞鶴線の踏切を渡ると、間もなくアパレルメーカーであるグンゼ発祥の地である。道路の左側には二階建ての古い本社ビルがあり、その先には「グンゼ記念館」が残されている。道路の反対側にはグンゼ博物館、綾部バラ園、綾部特産館が並んでいる。

現在の綾部市である旧何鹿《いかるが》郡に製糸業が導入されたのは明治十年（１８７１）であったが、器械の

改良と養蚕農家および製糸業者を結集した蚕糸業組合の設立などにより急速な発展を遂げた。特に、明治二十九年（１８９６）に波多野鶴吉は同志を募り蚕糸組合を設立するに当たり等しく株を持ち合う「郡ぐるみ」ということを考えたという。彼の坂本龍馬をして後世を託した人物とまで言わしめた明治の先覚者であった前田正名《まさな》は、軍事ではなく産業による立国を説き、国・県・郡・村はそれぞれ独自の「是《ぜ》」を持つべきであると述べている。この是とは方針とか進むべき道のことである。この考えに共鳴した波多野鶴吉は新しく会社組織にする時に自分たちの会社の社名を郡の是すなわち「郡《ぐん》是《ぜ》」としたのである。郡とはこの地の地名である何鹿郡の郡であった。

　やがて、郡是製糸は何鹿郡内に留まらず、兵庫県全域に進出し、大正年間（１９１２～２６年）には西日本一の製糸会社へと発展する中で綾部町は「蚕都」と呼ばれるようになり、大正から昭和初年に黄金時代を迎えたのである。

『きまぐれ歴史散歩』を著した池内紀は「大本弾圧」の最後に次のような興味深いことを書いている。

出口王仁三郎は、我よしすなわち自分さえよければよいという利己主義のはびこる世相を批判し、庶民救済を基盤とする地上天国的な理想社会を主張し、大正五年（１６１６）に信仰集団「皇道大本」を設立した。これに対して、波多野鶴吉は安くて丈夫なメリヤス肌着を基盤にして郡よしすなわち地域共存の理想の会社を考え、大正六年に郡是本社を完成させた。このように京の西の綾部という小さな町の南と北で明治から大正、昭和にわたり二つの大いなる事業が進行した。国家権力はメリヤス肌着の製作は歓迎したが、その肌着が包んでいる大本教徒の胸の内には不穏な匂いを嗅ぎ付けたという。

グンゼ記念館には明治二十九年（１８９６）以来のグンゼの経営姿勢や歩みを中心にして歴史的資料が展示されている。この建物は大正六年（１９１７）に新築された後に本社事務所として使用されていたが、昭和二十五年（１９５０）に記念館にされたという。主展示室にはグンゼの創業当時からの歩みが示されている。錦絵ギャラリーには文字通り蚕糸業を題材とした錦絵が展示されている。また、蚕糸室には繰糸《くりいと》機械の変遷など蚕糸技術の歴史が紹介されている。

道路を挟んで反対側に立ち並ぶ何棟かの建物は「グンゼ博物苑」である。平成八年（１９９６）にグンゼ創立百周年を記念して大正時代に造られた繭蔵《まゆぐら》を改装した「歴史蔵」、「ファッション蔵」ならびに「新機能蔵」の三つの施設があるが、現在は歴史蔵だけが見学できるようになっている。展示されている繰糸の機械の発展段階を見ていると、「必要は発明の母である」ということを実感させる程に精巧になって行く様子がよく理解できた。

参考文献

１　池内　紀『きまぐれ歴史散歩』中公新書　２０１３

２　司馬遼太郎『街道をゆく　四』朝日新聞社　１９７４

３　早瀬圭一『大本襲撃　出口すみとその時代』毎日新聞社　２００７

４　柴田　實・高取正男監修『日本歴史地名大系26　京都府の地名』平凡社　１９８１

6 近代化遺産の安積疏水を巡る

十数年も前に三年程かけて近江国と称された滋賀県を縦横に走行する往時の街道を巡ったことがある（『近江平成風土記の旅』静岡新聞社、２００９）。その折、琵琶湖の西岸沿いを走る北国街道とも呼ばれた西近江路の北国橋の下をとうとうと流れる近代化遺産の「琵琶湖疏水」の碧い流れを目にし、この疏水の築造に若き日の夢と情熱を傾けた田辺朔郎《たなべさくろう》に思いを馳せ、胸を熱くしたことを覚えている。この時、琵琶湖疏水の起工に先立つ六年も前の明治十二年（１８７９）に着工し、三年後の同十五年に竣工した福島県郡山市の「安積《あさか》疏水」のことを知り、何時の日にか訪ねてみようと思っていた。

あれから十三年も過ぎた平成二十九年（２０１７）の風薫る五月の末、念願叶って近代化遺産として知られた安積疏水を巡る旅に勇躍として出発した。ここ静岡県磐田から福島県郡山までは、車で東名高速道から圏央道を通り、東北自動車道の郡山南インターまで約４７０㎞、六時間半余りに及ぶ長旅である。

幕末から続く維新の動乱を乗り切り中央集権国家を樹立した明治新政府は、明治二年（１８６９）の「版籍奉還」に続く同四年の「廃藩置県」を経て殖産興隆および富国強兵を目指した。そのような中にあって明治五年（１８７２）の「秩禄《ちつろく》処分」を受けて国家予算を無為に徒食、つまり何も仕事をせずに暮らしている士族たちに仕事を与えて生活の道を得させる政策の一つとして全国的に原野の開拓が進められていた。

福島県においても明治五年に内務卿であった大久保利通の薫陶を受けた安場保和が県令として着任

し、旧米沢藩士の中条政恒が県典となった。この二人が中心となり、士族に仕事を与えて生活の道を得させる方策として安積原野開拓の道が考え出されたという。

翌明治六年に中条は安積原野の大槻原《おおつきばら》開墾計画を立案して政府に資金の貸付を願い出て成功し、地元の阿部茂兵衛らは「開成社」を結成して二万円余の出資金を出して旧二本松藩士たちを入植させた。中条は入植現地で彼らと起居を共にして事業を推進し、やがて大槻原に桑野村が誕生した。なお、開成社という名称は中条の座右の銘である「開物成務」から採ったといわれる。

明治九年（１８７６）の明治天皇の東北巡幸に先立って大久保利通が巡視のために福島県を訪れた。その折に安場と中条は士族問題に苦慮していた大久保に安積原野開墾のために灌漑用水を猪苗代湖《いなわしろ》から引くことの有用性を具申し、賛意を得ることに成功し、政府の事業として取り上げられることになった。

この年の暮れ、内務省の高畠《たかばたけ》千畝《ちうね》と南一《みなみいち》郎平《ろべい》は栃木県那須原から青森県三本木野までを調査し、土地の生産力や交通の便などの条件を考慮に入れて安積郡の諸原野が最適地であることを報告した。しかし、明治十年（１８７７）に西南戦争が勃発し、計画の進行は中断されたが、翌年には奈良原繁が内務省御用掛として疏水開発事業を総括し、国家事業として着手されることになった。

地図帳を開くと判るように、福島県のほぼ中央に位置する安積盆地（現在は郡山盆地）は、東は南北に流れる阿武隈川《あぶくまがわ》を境にして阿武隈高地の西麓に接し、西は奥羽中央分水界の東にそびえる高旗山（標高９６８ｍ）と額取山《ひたいとりやま》（１００８ｍ）とを結ぶ断層線を境とされる。また、南は郡山市三穂町お

よび安積町に接する牛庭原《うしにわばら》や須賀川市の舘ケ岡《たてがおか》・仁井田《にいた》・滑川《なめかわ》に至る丘陵線とされ、北は阿武隈川に流入する五百川《ごひゃくがわ》を区切り東に延びる丘陵線とされる。この一帯は盆地と呼ばれているが、新生代第四期の更新世（洪積世とも）と呼ばれる１８０万年前から1万年前の新しい地層により形成された台地であり、その上を大槻扇状地の堆積地の地層が覆っている。

東西および南北ともに15㎞の広がりを有するこの洪積台地を北から五百川・藤田川・逢瀬川・笹原川（安養寺川とも）が東流して深い峡谷を形成して阿武隈川に流入している。そのためにこれらの河川から農業用水を引くことは難しく、盆地の北から南に向かい、対面原《たいめんばら》・広谷原《ひろたにばら》・庚坦原《こうだんばら》・大槻原・大蔵坦原《おおくらだんばら》・四十坦原《しじゅうだんばら》・牛庭原と呼ばれる荒れ果てた原野が形成されていた。各原野の農民たちは眼下を流れる河川の水を眺めながら、侵食上流部に溜池を造ったり、小規模な堰を築いたりして、わずかに灌漑を行ったが、広大な台地は放置されたままであった。

この安積原野を開拓するのに、その西に広がる猪苗代盆地の中心にあって満々と水をたたえた猪苗代湖（湖面標高５１４ｍ、最大水深94ｍ）からの導水が考えられた。灌漑用の水路を造り湖の水を安積盆地に東流させるという構想は、既に天保十一年（１８４０）に安積郡の北にある安達郡下長折村《しもながおり》（旧岩代町、現二本松市）の名主であった渡辺閑哉《かんさい》が二本松藩に提出した殖産興隆の建白書の中に見ることができる。しかし、当時は湖が大藩の会津藩領であったこともあり、この案は採用されなかったという。

しかし、慶応四年（１８６８）の戊辰戦争を経て二本松藩領であった安積原野も猪苗代湖を含む会津藩領も官有地となったのを機に、渡辺閑哉は湖水の東流計画を実現するために明治三年（１８７０）に安達郡小浜村（旧岩代町、現二本松市）の今泉一三郎とともに実測地図を作製して福島県に建白書を提出したが、採用されなかった。

当時、同じような考えを持った人物に郡山の川口半右衛門や須賀川の小林久敬《ひさよし》がいた。川口は明治二年に二本松藩庁を訪れ、猪苗代湖の水を安積盆地に引くことを相談したという。また、小林は白河県や福島県に対して湖水を利用する疏水事業に家職を投げ打って請願を行った。このため久敬の家族は離散し、やがて久敬は財産を失って失意の内に没したという。

安積疏水の設計に当たったのは、後に琵琶湖疏水にも関係する内務省の南一郎平であった。それによると、猪苗代湖から流出する唯一の河川である日橋川《にっぱしがわ》の河口である戸ノ口《とのぐち》（現猪苗代町）に湖の水量を調節するための水門を築き、湖の東岸にある上戸《じょうこ》（現猪苗代町）に取水口を設けて用水路を掘り、疏水路中最大の障害であった田子沼《たごぬま》に注ぎ、沼上山《ぬまがみやま》（７６１ｍ）の中腹に掘られた沼上隧道（長さ５８５ｍ）を通して五百川上流に落下させた。こうすることにより田子沼の水を干上げ、工事を進行させるという構想であった。

沼上隧道を通り抜けた水は五百川を流れ下り、熱海《あたみ》地内（現郡山市）で再び水路に取り入れられ、五百川上流に架けられた水路により直ちに一号隧道に入り幹線水路となり、奥羽山脈の東麓に広がる安積盆地の平坦地に接する地の水路を南へと流れて岩瀬郡仁井田に到る。この間、第一から第七分水

路を設けるというものであった。

オランダ人技師のファン・ドールンは、この構想や各種設計図を検討するとともに、現地の地形および地質を調査し、明治十一年（１８７８）に詳細な計画書を内務省土木局長の石井省一郎に提出し、工事が着工されることになった。

この年の五月に大久保利通は東京の紀尾井坂で刺殺されたが、翌十二年に内務卿伊藤博文、勧農局長松方正義らが参列して疏水事業起工式が行われた。工事は戸ノ口、山潟（現猪苗代町）ならびに熱海の工区で始まり、続いて夏出《なついで》・多田野・富岡（現郡山市）工区でも着工された。工事は安積郡はもとより、安達郡や岩瀬郡の農民の工事への協力もあり、ダイナマイトや砕岩機を使い、セメントを用いるなど、当時の最新の機械と工法により行われた。

紆余《うよ》曲折があったけれども、着工からわずか三年後の明治十五年（１８８２）八月十日に工事竣工の通水式が行われ、十月一日に開成山大神宮社前において右大臣岩倉具視、宮内卿徳大寺実則、大蔵卿松方正義、農商務卿西郷従道などが参列して疏水完工式典が盛大に挙行された。

こうして総工費四十万円余り（現在の四・五百億円に相当）を投じ、延べ八十五万人余りを動員し、幹線水路52㎞、分水路78㎞が完成したのである。灌漑面積は、明治十八年（１８８５）には二千九百二十八町歩（２９３０㌶）であったが、同三十六年（１９０３）には五千百十八町歩（５２００㌶）に達した。加えて、農業用水としてのみではなく、生活用水や工業用水としても使用され、郡山地方発展の礎となったのである。

有史以来、猪苗代湖の水は戸ノ口より西に流出して日橋川となり、程なく阿賀《あが》川（大川とも）に合流し、喜多方市山都《やまと》町で只見《ただみ》川を合わせ、新潟県に入り阿賀野《あがの》川と名を変えて日本海に注いでいた。この湖の水を東へ流出させて安積盆地から安達郡や岩瀬郡まで灌漑し、流末は阿武隈川へと流入し、日本海と太平洋は水路で結ばれたのである。

安積疏水問題に奔走して生涯を終えた須賀川出身の小林久敬は、干害の憂いなく稲の育つ様子を目にして、次のような句を残したそうである。

あらたのし田ごとに映る月の影

明治政府は発足後直ちに近代化政策を国是とし、欧米先進国から御雇外国人と呼ばれる政治・経済・文化の専門家を招いて各分野の整備を推進した。特に遅れていた治山・治水・農業・工業・港湾・鉄道など数多くの事業を国家事業として実施したのである。中でも安積疏水は琵琶湖疏水と並ぶ永続性のある成功例であったといわれる。

最初に安積開拓の歴史を訪ねることにし、東北道郡山南インターで一般道に出て県道47号線を東に向かい郡山市の中心地へと向かった。かつての東北地方を縦断する幹線路である国道4号線の郡山バイパスをくぐり抜け、内環状線を北上すると程なく安積疏水第五分水路の南を流れる南川である。左

折すれば南川渓谷であり、右折すれば灌漑用の溜池である五百淵であり、その南は野鳥の森である。左折して南川渓谷に入ると、市街地ながら鬱蒼《うっそう》とした林の中に両岸は高さ３ｍ余りの石垣で区切られ、幅数ｍ程の中心部を清冽なせせらぎが流れている。

南川渓谷を後にして内環状線をさらに北へ進むと国道49号線である。ここを左折して北へ１㎞余り進むと、「文化通り」と呼ばれている県道６号線に出る。ここを左折すると、間もなく道路の左に近代化遺産として昭和五十二年（１９７７）に国の重要文化財に指定され、現在は「安積歴史博物館」になっている建物が姿を現す。

明治十七年（１８８４）に県都である福島で開校された福島中学校が福島県立尋常中学校として安積郡桑野村の新校舎に移転して来たのは同二十二年（１８８９）であった。明治・大正・昭和を象徴する服装をした安積健児の小さな銅像を前にして、桟瓦葺寄棟造りの二階建ての明治期の洋風建築が静かに佇んでいる。

外壁は白色の下見《したみ》板張りに上げ下げ式の窓になっている。玄関ポーチとベランダは八角の柱が八角形に配置され、腰屋根が付けられ、一・二階とも軒蛇腹《のきじゃばら》が設けられるなどの木造洋風技術が見られる。また、各教室の内部の壁には漆喰が塗られ、廊下は腰羽目《こしはめ》板張りである。大きな講堂の天井にはローソク用のシャンデリアが取り付けられている。

国道49号線に戻りさらに北へ進むと、「麓山《はやま》通り」に出る。この辺り一帯は安積開拓発祥の地として知られ、左手には開拓事務の中心的役割を担った「開成館」があり、国道49号線を挟んで右手一帯

は「開成山公園」になっている。その前の麓山通りを挟んで南には赤レンガの「安積疏水事務所」がある。また、開成館の北には第五分水路と思われる幅１ｍ程の疏水が流れており、その流れに沿って「せせらぎこみち」が東西に走っている。この道を挟んで「開成山大神宮」が鎮座している。さらに、麓山通りを東へ１・５㎞程行くと、通りの南一帯に「麓山公園」が広がっている。

　先ず開成館を訪れることにし、丘陵地に広がる敷地に入ると、とてもよく整備された施設に感心した。入り口を入ると、正面左側に大きな一部二階建ての「安積開拓官舎（旧立岩一郎邸）」が落ち着いた佇まいを見せる。これから訪れる開成館と同時期に建立された福島県開拓掛の職員用官舎三棟の内の一棟である。職員として郡山に赴任した後、開拓出張所の所長となった立岩一郎が使用し、後に払い下げを受けたというが、余りにも立派な家屋に驚かされた。そんな事もあってか、明治十二年（１８７９）の安積疏水事業の起工式に出席した伊藤と松方はここに宿泊したという記録が残されているそうである。

　この建物の右側には「安積開拓入植者住宅（旧小山家）」がある。明治十五年（１８８２）に愛媛県松山から牛庭原（現郡山市安積町牛庭地区）に入植した旧松山藩士の住宅であった。当時の開拓者の代表的な住宅であるという。建物の間取りは右の方から座敷（八畳）、板の間（五畳）、土間（六畳）より成る。また、開拓官舎の左手にはもう一棟の「入植者住宅（旧坪内家）」がある。明治十四年に鳥取から広谷原（現郡山市喜久田町）に入植した坪内元興の住宅であった。この住宅は入植者住宅の中では最上級の建物であり、先の旧小山家住宅の二倍以上の広さがある。

開拓官舎はさて置き、入植者住宅はもっと質素なものと想像していた。福島県典事であった中条政恒の孫である宮本百合子の著した『貧しき人々の群』という小説は大正五年（１９１６）頃の安積開拓地の小作人の生活を描いたものであるが、武士から百姓へという生活の急変や資金の欠乏は開墾作業を困難なものとし、開拓地の多くは商人の手に渡ってしまい、入植者の生活は困窮したと記されているからである。

旧坪内家住宅の先には明治七年（１８７４）に郡役所の前身である区会所として建立されたという大きな開成館がある。当時は未だ地方には洋風の建築法が伝えられておらず、地元の大工が苦労して建造した擬洋風（西洋風に似せたの意）の三層楼の建造物に人々は驚き、感心したそうである。明治九年の明治天皇の東北巡幸の折には宿泊所として使用されたという。現在は安積開拓と安積疏水の歴史を伝える資料館になっている。

この開成館の直ぐ北にある開成山大神宮は伊勢神宮の遥拝所であり、中条政恒によって計画され、明治七年には社殿と拝殿が竣工し、同九年には伊勢皇大神宮分霊の開成山大神宮となった。前述したように、安積疏水の起工式および竣工式もここで行われた。

開成山公園は30㌶もある広大な公園で、明治時代に植えられた千三百本の桜の老木で知られる。江戸時代には二本松藩の狩猟場であったところで、五十鈴湖を中心にして豊かな自然が残されている。

この公園の前にある赤レンガの安積疏水事務所は疏水通水百周年を記念して昭和五十七年（１９８２）に建造された施設であり、疏水の取水口や分水の作業はここにあるコンピュータで自動制御され

ているという。

ここから少し離れたところにある「麓山公園」は、かつては旧二本松藩の馬場であったが、文政七年（１８２４）に往時の郡山村が奥州街道の宿場町になったのを記念して造成された庭園である。園内には安積疏水の完成を記念して阿部茂兵衛ら開成社の有志により疏水の第五分水路の水を利用して造られたという「麓山の滝」あるいは「麓山の飛瀑」として知られる人工の滝がある。

次いで近代化遺産として知られた安積疏水の諸施設を見て回ることにし、猪苗代湖へと向かった。国道49号線を北上して郡山インターで東北道に入り、郡山ＪＣＴより磐越道を走り猪苗代磐梯高原インターで一般道に出た。国道１１５号線を南下して堅田で国道49号線に入り、湖畔を西へと向かった。遠く右手には山頂に未だわずかに雪渓の残る磐梯山（１８１９ｍ）を、左手には鏡のように静かな湖面の猪苗代湖を眺めながら10㎞程走れば、猪苗代湖から流出する唯一の河川である日橋川河口東岸の戸ノ口に到着する。

猪苗代湖から会津盆地へ流出する水量を減らさないで安積疏水へ導水するには、この日橋川の河口に水門を設けて流水量を調節する必要がある。そのために安積疏水の最初の工事として明治十三年（１８８０）に道路と十六のゲートを備えた大きな水門が築造された。そのためこの水門は「戸ノ口十六橋」と呼ばれた。猪苗代湖という大きな自然の湖をダム湖として利用するために築かれた水門である。但し、現在の十六橋は大正二年（１９１３）に道路と水門とを分離して架け替えられたもので

日橋川河口の「戸ノ口十六橋」

ある。明治初期に築かれた水門を目にした当時の人々はその偉容に驚いたことであろう。

全長60～70mはあろうかと思われる水門は、石積みの橋脚の上に鉄製の可動式ゲートが設けられ、その上に各ゲートをチェーンで上下させる機械が並んでいる。各ゲートはほとんど閉じられており、わずかに水が流出しているようである。水門を右側に見ながらゲートの前に架けられたコンクリート製の橋を渡り、対岸の会津市に入った。現在、道路は湖岸沿いの国道49号線へ、水門はここから少し南の小石ヶ浜へと移され、十六橋は主に洪水の調整に使用されているようである。

橋を渡ると、深い森に囲まれるようにして安積疏水全体の設計の監修や指導を行うなど、大きな貢献をしたことで知られるファン・ドールンの大きな銅像が自然石の石垣の上に立っている。

K・J・ファン・ドールンは1837年にオランダで生まれ、ユトレヒト工業学校、次いでデルト

工科大学を卒業して技師となり、明治五年（１８７２）に明治政府の招請で来日し、内務省土木局に入り、長工師（技師長）として利根川や荒川などの多くの土木事業で中心的な役割を果たしたことでも知られている。当時の日本には未だオランダ語を理解する人も多く、持ち前の土木工学の能力を発揮することができたものと想像される。

後世、安積疏水の水を利用する水力発電所が造られたこともあり、東京電力はファン・ドールンの功績をたたえて昭和六年（１９３１）にこの銅像を製作したのである。第二次世界大戦末期に供出命令が出され、砲弾にされる運命であったが、疏水関係者は密かに土の中に埋めて隠し通し、戦後になり再び台座に据えたという。慌てて銅像を外したため像の右足の先と台座に傷跡が残り、セメントで補修されていた。

十六橋を後にし、安積疏水取水口を訪ねることにして国道49号線を東へ向かった。20㎞足らずで国道が湖畔から内陸へ入る地点に上戸《じょうこ》という小集落がある。その右手の湖に比較的新しい感じの「上戸頭首工」と呼ばれる疏水の取水口が見える。疏水が開設された時の水門の「山潟《やまがた》取水口」の老朽化と湖面低下の問題を解決するために昭和三十七年（１９６２）にこ

昭和三十七年（1962）築造の「上戸頭首工」

の地に建設された水門である。近代的な感じのするのはそのためである。青い湖の水が音もなく吸い込まれるようにトンネルへと流れていく。

上戸の直ぐ先にある国道49号線と県道９号線との分岐点には、旧取水口で使用されていたという揚水ポンプが記念碑とともに展示されている。湖面が低下して利用水深が下がり、日橋川の水門が十六橋の南の小石ヶ浜に移されたことにより、自然取水が不可能になった場合に備えて揚水ポンプ四台が設置されたが、その内の一台である。上戸の頭首工の建設にともない旧水門は閉鎖されたが、旧水路は堀として残っているというが、見当たらなかった。

国道をさらに東へと進むと、疏水中最大の障害である田子沼のあった地点であるが、今は沼は跡形もなく、わずかに田子沼という地名が残っていることを示す標識があるだけである。また、この辺りの何処かから主に郡山市の南の須賀川市一帯を灌漑するために昭和二十年（１９４５）より農林省によって建設された「新安積疏水」が分岐しているはずであるが、分からなかった。

中山トンネルをくぐり抜けて猪苗代町から郡山市に入ると、ＪＲ磐越西線を間にして右手の方に東京電力の「沼上発電所」が見える。明治三十一年（１８９８）に設立された郡山絹糸紡績会社は、工場の動力源として安積疏水の沼上隧道より放出された疏水と五百川の流れとの落差41ｍを利用した出力２１００kwの沼上発電所で作られた電力を使用した。翌年には郡山に初めて電灯が灯り、電力は郡山発展の原動力となったのである。二本の導水管の左側を余った疏水が瀑布となって五百川へと流れ落ちているのが見える。

ＪＲ磐越西線と並走する国道49号線をさらに進むと、中山宿駅の反対側には大正八年（１９１９）に設立されたという出力３７００kwの「竹之内発電所」がある。ここで国道は新しく整備されたバイパスと五百川沿いの磐梯熱海温泉街を通る旧道とに分岐する。旧道の方に入ると、程なく温泉街の手

五百川の「熱海頭首工」で塞き止められ、第一分水路に流入

前右手には同十年に建設された出力５９００kwの赤レンガの「丸守《まるもり》発電所（熱海発電所とも）」の前に出る。これまでの二つの発電所と異なり、導水管が三本であり、落差もかなり大きい。

猪苗代湖の水は三つの発電所で利用された後、五百川に落とされ、「熱海頭首工（水門）」で塞き止められ、ここで第一分水路が五百川から分岐している。この水門の傍にある安積疏水熱海事務所は現在は無人である。その隣には疏水神社があり、記念碑などがある。今日はこの磐梯熱海温泉で泊まる予定であるが、そのホテルの前を疏水が勢いよく流れ、後ろを五百川が流れている。

この後、疏水の水は五百川に架けられた熱海疏水橋（かつては石造りの眼鏡橋）を渡り、幹線水路として安積盆地の平坦部に接する地を南へ流れ、三十七箇所のトンネル

をくぐり抜ける。この間に七本の分水路が分岐する。

最も北を流れる第一分水路は五百川の南を流れて対面原を灌漑し、日和田および梅沢を潤した後、阿武隈川へと流入している。第二分水路は藤田川の南を流れ、上伊豆島・下伊豆島・堀ノ内より広谷原を灌漑し、八山田《やつやまだ》および福原を潤している。第三分水路は逢瀬川の北を流れて片平・富田・久保田を灌漑し、流末は阿武隈川へと注いでいる。第四分水路は庚坦原を灌漑し、大槻および桑野を流れて開成沼に流入している。第五分水路は南川沿いを流れ、程なく大槻原および大蔵坦原方面へと分かれて郡山に至り、明治四十四年（１９１１）からは郡山の上水道として利用された。第六分水路は南原を灌漑し、川田および成田を潤した後、笹原川（安養寺川とも）に合流している。最も南を流れる第七分水路は富岡より笹原川の南に広がる牛庭原および大谷地原を灌漑した後、阿武隈川へと合流している。

最後に安積疏水の幹線水路を辿ることにし、磐梯熱海より国道49号線を南東へと向かった。程なくＪＲ磐越西線の安子ヶ島《あこがしま》駅の南である。この辺りの南に第一分水路があるはずであるが、車中からは水路を確認することはできなかった。しかし、地図上には安子ヶ島という字名《あざめい》やかつては対面原の広がっていたことを示す対面原という字名を確認できる。

また、第一分水路の南には上伊豆島や下伊豆島の字名がある。この辺りに熱海や伊豆といった静岡県の地名が存在するのは何故なのか。明治の初期に熱海や伊豆からこの地に入植した人々がいたこと

を暗示させる。

やがて藤田川流域の堀ノ内であり、この地点で国道49号線から県道29号線が分岐している。この県道は疏水の幹線水路沿いを走行していることを想像させる。その理由は、この道路の走行と幹線水路の流れとがほぼ重なっているように見えるからである。また、道路沿いに点在する集落の字名は安積開拓時代の頃と同じである。そこで、この県道29号線を辿ることにした。

堀ノ内で右折して県道29号線を西へ向かうと藤田川沿いの道に出る。第二分水路はこの藤田川の南を流れているものと思われる。今、この辺りの水田は田植えの真っ最中である。水田や畔《あぜ》の土は見渡す限り赤茶けた色をしており、一見してこの辺り一帯が洪積台地であることが分かる。なお、この道路の南一帯は広い工業団地として生まれ変わりつつある。

夏出《なついで》の集落の先で県道は南へと向かう。右手一帯は木々の生い茂る丘陵地であり、その丘陵地に沿って細い道が続く。左手には高広山（４５６ｍ）がそびえ、やがて溜池と思われる堂尻池が現れる。しかし、見たいと思っていた疏水の幹線水路は何処を流れているのであろうか。この辺りの山間部や丘陵地の水路の多くの部分は幹線水路に三十七箇所もあるという隧道を流れているのかも知れない。それにしても52㎞もある幹線水路をいわゆる「自然流下方式」で必要な水量を流下させるには、余程優れた測量技術と土木技術が必要であったものと想像される。

やがて山間部を過ぎて河内の集落の先で逢瀬川に出合う。この川の北で第三分水路が分岐していると思われるが、分岐点を見つけることはできない。程なく多田野の集落で、ここで郡山市の中心と猪

苗代湖の南に位置する湖南町とを結ぶ県道6号線と交差している。この道路の北には第四および第五分水路が流れていると思われるが、はっきりしない。第五分水路はあの郡山市街地の南川渓谷へと通じている。この辺りには大きな溜池が幾つも連なっている。

赤坂および山口の集落より第六分水路が分岐し、笹原川へと流入しているものと思われる。やがて塩原および富岡の集落であり、その南を第七分水路が流れているはずである。この地点で県道29号線は右折して須賀川市岩瀬へと向かう。左折すると県道47号線であり、この道路を東へ進めば、東北道郡山南インターである。この道の南に広がる四十坦原や牛庭原の南の鍋山や野田の集落の周囲では田植えが行われていた。赤茶色をした水田が丘陵地の木々の緑に映えて美しい。

この安積疏水の完成により藩政時代には「安積三万石」といわれた安積盆地の洪積台地も三十万石の米の産地となったのである。その裏にはこの近代化遺産と呼ばれる世紀の大事業を完成させた先人たちの不撓不屈の精神と努力があったのであろう。

参考文献

1　増田彰久『近代化遺産を歩く』中公新書　2001
2　庄司吉之助・小林清治・誉田　宏監修『日本歴史地名大系7　福島県の地名』平凡社　1993
3　竹内理三編『角川日本地名大辞典　7福島県』角川書店　1980
4　山口恵一郎編者代表『日本図史大系　北海道・東北Ⅱ』朝倉書店　1980

7　古代陸奥国の多賀城跡を訪ねて

福島県郡山市の安積疏水を訪れたのを機に、さらにその北の宮城県多賀城市にある古代陸奥国の国府の置かれていた国の特別史跡に指定されている「多賀城跡」まで足を伸ばすことにした。磐梯熱海インターより磐越自動車道に入り、郡山ＪＣＴを経て東北自動車道に入った。仙台南インターより仙台南部道路、続いて仙台東部道路を走り、仙台港北インターで一般道に出た。ここまで１５０㎞余り、二時間足らずの距離である。迷路のような古い道に戸惑いながら一般道を数㎞走れば目指す多賀城跡である。

多賀城市は元は宮城郡に属し、南および西は仙台市宮城野区、北は宮城郡利府《りふ》町および塩竈市、東は宮城郡七ヶ浜町に接し、奥羽山脈より派生する松島丘陵の南端部と仙台平野の北端部に立地している。市域の中央部をＪＲ仙石《せんせき》線と国道45号線が通り、北部をＪＲ東北本線が走行している。なお、多賀城市という市名は古代陸奥国の国府および鎮守府の置かれた多賀城に由来するというのは言を待たない。

先ず多賀城跡に関する最新の情報を得るために多賀城跡の東の浮島にあるという「東北歴史資料館」を訪れることにした。古い歴史を有する多賀城市内の道に迷いながらやっと大きな資料館に到着した。ところが、今日は月曜日で、休館日とのことであった。仕方なく諦めて多賀城跡へ引き返した。再び道に迷いながら多賀城市の北部の浮島および市川地区の丘陵上に築かれた多賀城跡の南に出た。

多賀城は、大和の古代律令国家が東北地方に築造した幾つかの城柵の中枢であると同時に、奈良・

平安時代の陸奥国の国府の置かれたところであり、延暦二十一年（８０２）に胆沢《いさわ》城（現岩手県奥州市水沢区）が築かれるまでは鎮守府も併置されるなど、古代東北地方の政治ならびに軍事の中心的官《かん》衙《が》として重要な役割を果たしていた。

この地は仙台の海岸平野の北東に位置し、東の塩竈方面から西に向かい伸びる小丘陵の洪積台地の先端を中心に、一部沖積平野も含んで立地している。多賀城の外郭の南西の一部は沖積平野に面し、北部と東部は沼沢により画されている。この外郭は東辺１０００ｍ、南辺８６０ｍ、西辺６７０ｍ、北辺７７０ｍ程の不整方形をした八町歩余り（約８㌶）の広さがある。

多賀城跡に関する研究は近世江戸時代に始まり、佐久間洞巌や大槻文彦らにより進められたが、それらは文献史料や遺跡の見た目による研究であった。その後、大正十年（１９１２）には柴田常恵らによる遺跡の実測図の作成や実際に現地に出掛けて調べる研究が行われ、翌年には史跡に指定された。

しかし、本格的な発掘調査はやっと昭和三十五年（１９６０）に始められた。その結果、多賀城はそれまでの通説であった軍事的性格の強い施設であるというよりは、創建当初より行政的性格を有する施設であることが明らかにされた。

それでは、多賀城は何時頃に築かれたのであろうか。正史には記載されてはいないが、後述するように多賀城修造の記念碑ともいうべき「多賀城碑」には大野東人《おおののあずまびと》により神亀元年（７２４）に創建されたと記されている。

多賀城に関する最初の史料は『続日本紀《しょくにほんぎ》』の天平九年（７３７）四月十四日条であり、そこには

「多賀柵《たがのさく》」と記されている。この条には大野東人が陸奥国多賀柵と秋田村高清水岡（現秋田市高清水）に築かれた出羽柵との間を最短で結ぶ路を拓《ひら》こうとしたことが記されている。この時、多賀柵は終始拠点となっていることから、既にこの頃には多賀柵が陸奥国の中心的官衙であったと想像されている。

次いで、『続日本紀』の宝亀十一年（７８０）三月二十二日条に初めて「多賀城」という名が現れる。この年に上治郡の大領である伊治公呰麻呂《これはるのきみあざまろ》が多賀城の北60kmにある伊治城（宮城県栗原郡築館《つきだて》町）で反乱を起こし、国司を監督する官である按察使《あぜち》の紀広純《きのひろずみ》らを殺害したことなどを伝えている。この時、多賀城も呰麻呂の率いる蝦夷《えみし》の軍勢に襲われて食糧や武器を奪われ、炎上したと記されている。その後も律令政府と蝦夷との間で度々戦闘が行われ、多賀城は律令政府の拠点として『続日本後紀《しょくにほんこうき》』の承和《じょうわ》六年（８３６）四月二十六日条に至るまで文献に登場する。

さらに、『日本三代実録』の貞観《じょうがん》十一年（８６９）五月二十六日条に陸奥国に大地震が発生し、多賀城下に大きな被害があったと記されている。その後、多賀城に関する史料はなくなるが、発掘調査の結果によると多賀城は十世紀半ばまで存続していたことが明らかにされている。

これより史跡公園として整備されている多賀城跡を見学することにし、城跡の南にある「南門跡」の近くに車を止めた。発掘調査で出土した南門の基壇には礎石が整然と並んでいる。基壇の左右には高さ１ｍ、幅２ｍ程の土塁の高まりが認められる。城の外郭を取り巻いていた築地の跡であるという。外郭にはこの南門とともに東門と西門とがあったが、北門の有無については明らかではないとい

多賀城南門跡にある「多賀城跡全景」の航空写真

う。北辺の外郭の先は沼沢により画されていたことから門の必要性はなかったものと想像される。いずれの門も築地へと連なる八脚門であり、当初は掘立柱の門であったが、後には礎石式に建て替えられた。

　南門跡の先はなだらかな丘陵地になっており、程なく右手に二本の老松が現れる。その先には小さな覆堂《さやどう》が建っており、その中には天平宝字六年（７６２）の紀年銘のある有名な「多賀城碑」がある。この碑は坂上田村麻呂が弓筈《ゆはず》で「日本中央」と彫り付けたという伝説の碑であり、上野国（群馬県）にある「多胡郡《たこぐん》碑」と下野国（栃木県）にある「那須国造《こくぞう》碑」とともに日本三古碑の一つとされている。江戸時代に多賀城跡で発掘された碑がそれだとして広まった。発見以来、南門跡の内側の小高い丘陵地に碑面を西に向けて立っている。現在は江戸時代に仙台藩により建立された桟瓦葺宝形

「多賀城碑（壺の碑）」の納められた覆堂

造りの覆堂の中に納められ、四方の格子戸を通して見ることができる。

碑は高さ１９６㎝、幅92㎝、厚さ70㎝もある大きな硬質の砂岩の表面が平らに加工され、中央上部に大きく「西」の一字が刻まれ、その下に境界線で囲んだ中に十一行百四十字が刻まれている。最初の五行には京・蝦夷《えぞ》・常陸《ひたち》・下野・靺鞨国《まかかつこく》から多賀城までの距離がそれぞれ千五百、百二十、四百十二、二百七十四、三千里と刻まれている。

後段の本文の五行には、多賀城は神亀元年（７２４）に按察使兼鎮守将軍の大野東人によって築かれ、天平宝字六年（７６２）に参議で東海東山節度使兼按察使鎮守将軍の藤原恵美朝獦《えみのあさかり》により修造されたと記されている。最後の行にはこの碑の建立された紀年である天平宝字六年十二月朔日《さくじつ》（一日）と刻まれている。

この碑については明治以来、文字の彫り方、書体、書風、官位、官職、里程、国号などから偽作説が支配的であったようであるが、近年では真作説が有力になっているといわれている。

芭蕉も元禄二年（１６８９）の陸奥を巡る旅において五月八日に仙台から塩釜への旅の途中に多賀城跡に立ち寄り、この碑を訪れた時の感動を『おくのほそ道』の中で次のように記している。

むかしよりよみ置《おけ》る歌枕、おほく語伝《かたりつた》ふといへども、山崩《やまくずれ》川流《かわながれ》て道あらたまり、石は埋《うずもれ》て土にかくれ、木は老ひて若木にかはれば、時移り、代《よ》変じて、其跡たしかならぬ事のみを、爰《ここ》に至りて疑《うたがひ》なき千歳《せんざい》の記念《かたみ》、今眼前に古代の心を閲《けみ》す。行脚《あんぎゃ》の一徳、存命の悦び、羇旅《きりょ》の労をわすれて、泪《なみだ》も落《おつ》るばかり也《なり》。

「政庁正殿跡」に復元された基壇と礎石

この碑が発見当初から人々の注目を集め、名所の一つになったのは、陸奥の歌枕として有名な「壺の碑《いしぶみ》」と結び付けられてきたためであるが、多賀城碑が何時どのような経緯で発見され、それが「壺の碑」に擬定されたのかについては諸説があるが、これといった確証はなく、実態は不明のままなのである。

多賀城碑を後にしてさらに北へ進むと、「史跡多賀城跡」と刻まれた碑の前に出る。「政庁跡入口」の標柱が立っており、そこから北へ向かいなだらかな一直線の階段状に造られた道が続く。この坂道を上り切ると、標高50ｍ余りの小高い丘の上に出る。そこは南北１１６ｍ、東西１０３ｍの範囲が築地で区画された「政庁跡」である。

発掘調査の結果、政庁の南正面には「政庁南門」が配されており、基壇には礎石が並んでいる。その南門跡から北へ50ｍ余り歩くと、「正殿」の基壇の前に出る。南門跡と同様に礎石が整然と並んでいる。正殿の基壇の左右には「脇殿跡」があり、両脇殿跡の前にはそれぞれ「前殿跡」がある。また、正殿の後方には北辺の築地の中央に東西に長い「北殿跡」がある。さらに、脇殿跡の左右には「西門跡」および「東門跡」がある。したがって、政庁は正殿を中心にして脇殿・前殿・門・築地などで構成される朝堂院風の建物配置であったことが明らかにされるとともに、これらの遺構には次のような四期の変遷が存在したことが確認されている。

第Ⅰ期は、多賀城が創建された八世紀前半の時期である。南門の前方の東西には南門前殿が置かれていた。この時期の建造物や築地の寄柱はすべて掘立式であった。

第Ⅱ期は、八世紀中頃から後半にかけての時期であり、政庁が最も整備された時期である。第Ⅰ期の建造物は大改修を受けると同時に、すべて礎石式に改められた。左右の脇殿は東西の築地部分の方に移され、正面にある南門の左右には翼廊が取り付けられた。また、新たに正殿の後方には後殿が設けられ、北辺の築地の中央には長い北殿が出現し、広場は石敷きとなった。さらに、南門の前方の東西に置かれていた前殿はなくなっていた。この時期の政庁は宝亀十一年（７８０）に起きた伊治公呰麻呂の反乱によると思われる火災により焼失している。

第Ⅲ期は、八世紀末から九世紀前半の時期であり、焼失した建造物は全面的に再建された。脇殿は第Ⅰ期の頃と同じ位置に戻され、南門の翼廊や北殿はなくなった。正殿の両脇には新たに東西楼が設

けられた。この時期の政庁は貞観十一年（８６９）の大地震により大きな被害を受けたものと想像される。

第Ⅳ期は、貞観の大地震後に復興された九世紀後半以降の時期であり、幾つかの小期に分けられる。建造物の配置は第Ⅲとそれ程の変わりはないが、正殿の北部では小規模な掘立柱の建造物が何度も建て替えられ、多賀城の政庁は十世紀中頃には廃絶したと考えられている。

このように政庁の主要部分の配置は第Ⅰ期から第Ⅳ期まで一貫していたようであり、政庁の役割にそれ程の変化がなかったことを示唆している。同時に、共通した建造物の配置を有する他の国府や大宰府と基本的に同じ性格の政庁であったことが裏付けられる。これに対して、多賀城の政庁では脇殿が短いことや政殿の前に前殿がないなどの特徴が見られる。これらの点は東北地方の古代城柵の政庁と類似しているそうである。換言すれば、東北の古代城柵の政庁は多賀城の政庁を参考にして造営されたことを想像させる。

約八町歩の広さの外郭内には、この政庁の他に多くの建造物や工房・井戸などの実務的な官衙が存在していたことが判明しており、民衆や土地を支配して徴兵や徴税を行うための戸籍・計帳・土地台帳などの文書の作成、食糧や武器などの管理、道具類の作成が行われていたと推察されている。出土する硯《すずり》や文書、木簡や工具などの遺物は、これらの官衙で働く役人たちの姿を彷彿させる。

さらに、近年では外郭の周辺の発掘調査も進み、「館前《たてまえ》遺跡」を中心に後殿や脇殿風の掘立柱の建造物群や、多賀城南門の南にある「大臣宮《おおどのみや》遺跡」など官衙施設と考えられるものもある。さらには多

賀城の外郭の南西を流れる砂押川《すなおしがわ》に通ずる運河と考えられる大溝、側溝のある道路、井戸跡などの遺構も発見されており、城外にも国府の機能を支える施設が存在していたことが判明している。

四半世紀以上にわたる発掘調査を通して、多賀城はそれまで考えられていたように決して軍事的基地であったとはいえず、むしろ地方行政の中心として機能していたことが明らかにされた。多賀城は現在の東北全域を支配する施設であったと想像される。西の大宰府が中国や朝鮮に対する重要な役割を担いながら九州全域を統治したのに対して、東の多賀城は北方の蝦夷対策を重要課題として東北全域の支配を意図していたのではないかといわれる。したがって、多賀城は国府を超えた大きな地方機関であり、大宰府に近い性格を有していたのではないかと想像される。

少し話が脇道にそれるが、愛知県立大学の丸山裕美子は『朝日新聞』の「表裏の歴史」の中で次のようなことを書いている。平成十年（１９９８）に多賀城跡の南西に広がる当時の役人たちの居住区跡であった「市川橋遺跡」から『杜家立成雑書要略《とかりっせいざっしょようりゃく》』の書名とその本の冒頭部分を記した木簡が出土したという。この著書は五世紀頃の中国で作られ、七・八世紀の東アジア社会で普及した往復書簡の文例集、つまり「手紙の書き方」ともいうべきものである。正倉院には光明皇后の書写したものが残っており、光明皇后が教養として洗練された手紙の書き方を学んだものと思われている。八世紀頃に多賀城に勤める役人たちも都へ帰る日を夢見ながら手紙の書き方の習得に励んでいたのであろうか。

よく整備された多賀城跡を後にして、城跡の東南１㎞程の高崎にある特別史跡の「多賀城廃寺跡」を訪れることにした。この寺院は千二百数十年前の奈良時代に多賀城の付属寺院として同時に建立さ

れたと想像されている。

昭和三十六年（１９６１）からの発掘調査により、建造物の配置は南中央部に中門があり、その先の右に三重塔、左に金堂が向かい合うように配され、中央部奥に講堂がある、それぞれの建造物跡には礎石が並んでおり、塔跡の中央部には心礎がある。また、中門からは築地が塔と金堂を包むようにして左右に伸び出し、北の講堂に閉じている。講堂のさらに北には大房・小子房から成る僧房がある。さらに、大房の東西には倉が配され、講堂の東西には鐘楼・経蔵が復元的に考えられるという。このような伽藍配置は九州大宰府にある「観世音寺《かんぜおんじ》」に類似しているといわれている。

発掘調査が行われる以前は、八世紀中頃に陸奥の国分寺が建立されると、この寺院は役割を終えたのではないかと想像されていた。しかし、調査により十世紀半ばまでは改修が繰り返され、機能していたことが判明したのである。

南の中門跡へと続く石段を上り境内に入ると、中央右手の高台には塔の礎石と大きな心礎が並び、左手には金堂跡の礎石が整然と並んでいる。正面奥には講堂跡が広がっている。周囲は赤松の老木に囲まれて荘厳な雰囲気に満ち溢れていた。

未だ五月下旬だというのに真夏のような炎天下の多賀城廃寺跡を後にして多賀城市の南の八幡にある歌枕の地として知られた「沖の石」と「末《すえ》の松山《まつやま》」を訪れることにした。多賀城跡で「壺の碑」に接して感涙にむせんだという芭蕉もこれらの歌枕の地を訪れ、『おくのほそ道』に次のように書き残している。

野田の玉川・沖の石を尋ぬ。末の松山は、寺を造りて末松山《まつしょうざん》といふ。松のあひあひ皆墓はらにて、はねをかはし枝をつらぬる契《ちぎり》の末も、終《つひに》はかくのごときと、悲しさも増《まさ》りて、塩がまの浦に入相《いりあひ》のかねを聞く。

多賀城廃寺跡より市街地の南を走るＪＲ仙石線を横断し、砂押川を渡れば八幡である。「沖の石」の直ぐ近くにある見学者用の駐車場に車を止めた。この駐車場の周囲の塀には平成二十三年（２０１１）三月十一日に東北地方の太平洋沿岸を襲ったマグニチュード９・０の東日本大震災の折に発生した津波により浸水したことを示す痕跡である白い線が鮮明に残っている。高さは１・５ｍ程であろうか。そういえば、この辺りの家々は震災や津波の被害を受けて建て直されたり、補修されたりしている。

ここから少し歩いて住宅地に入ると、その一角に大きな池があり、汚水のような水の中に大きな奇岩群が浮かんでおり、「沖の石」の標柱とともに次のような歌が記されている。

我が袖は汐干《しおひ》に見えぬ沖の石の人こそ知らね乾くまもなし

これは「小倉百人一首」（九十二番）にも撰ばれた二条院讃岐の歌である。この歌の出典である『千

載和歌集』には「石に寄する恋といへる心を」と題して詠まれたとあり、第五句は「乾くまぞなし」となっている。また『二条院讃岐集』では、第一句は「わが恋は」となっており、第五句は「乾くまもなき」となっている。

次いで、この直ぐ近くにある「末の松山」を訪れた。小高い丘の前に出ると、「末乃松山」と刻まれた碑を前にして二本の松の巨木がそびえ立っている。松の右側の平坦地は末松山宝国寺の境内になっており、墓石が林立している。芭蕉が元禄二年にこの地を訪れた頃の状況はよく判らないが、芭蕉が『おくのほそ道』の中で書いているのとそれ程の違いはないように思われる。

歌枕の「末の松山」が詠み込まれた歌として『後拾遺集《ごしゅういしゅう》』に載せられている清原元輔の次のような歌がよく知られている。この歌も「小倉百人一首」（四十二番）にも撰ばれている。なお清原元輔は有名な清少納言の父である。

契《ちぎ》りきなかたみに袖をしぼりつつ末の松山波こさじとは

歌の意味は、「二人で固く約束しましたよね。互いに幾度も涙を流しながら、あの末の松山を波が越すことがないように、二人の仲も末永く変わりません」であるが、「なのにあなたは心変わりをしてしまった」と付け加えると分かり易いそうである。この歌には「心かはり侍《はべ》りける女に　人にかはりて」という詞書《ことばがき》があるように、清原元輔が人に頼まれて作った歌であり、この歌には「本歌《ほんか》」つま

りもとになっている歌があり、「本歌取り」と呼ばれる。この歌の本歌は『古今集』に載っている次のような東歌《あずまうた》である。

君をおきてあだし心をわがもたば末の松山浪も越えなむ

この歌の意味は、「あなたのことを差し置いて、私が他の人を愛する気持ちを持つようなことがあったならば、決して越えないはずの末の松山を波も越えてしまうことでしょう」といったところであろうか。末の松山は絶対に波は越すことはないのである。

それでは一千年に一度といわれる平成二十三年（２０１１）三月十一日に発生した東日本大震災の折に発生した津波はこの末の松山を越したのか否か。古今書院発行の『東日本大震災津波詳細地図改訂保存版』（２０１２）に載せられた地図によれば、砂押川右岸（南岸）一帯で浸水していないのはこの末の松山の小丘陵地だけであった。

では、東日本大震災の一千百四十二年前の貞観十一年（８６９）五月二十六日に発生したという貞観地震の折の津波は末の松山を越したのであろうか。この点に関しては吉田東伍は明治三十九年（１９０６）に日本歴史地理学会誌である『歴史地理』に投稿した論文である「貞観十一年陸奥府城の震動洪溢《こうえき》」の中に詳しく述べている。

東伍はこの論文の中で「六国史《りっこくし》」の最後を飾る延喜元年（９０１）に完成した『日本三代実録』の

記述に基づいて津波が多賀城下まで達したことを初めて論証したのである。「末の松山」を津波が越すということは貞観地震の前にも後にもなく、であるからこそ幾つもの歌に「末の松山」が詠み込まれて歌枕の地となったと解釈したのである。

　これに対して、河野幸夫は平成二十年（２００９）に出版された『百人一首のなぞ』という本の中に「歌枕『末の松山』と海底考古学」と題する一文を寄せ、大津波が押し寄せて「末の松山」を飲み込んで内陸へと逆流し、その時の恐ろしい情景が歌の中に記憶されて残ったのではないかと述べている。

　ただし、平成二十三年（２０１１）の東日本大震災の折の津波は末の松山を越えなかったが、貞観地震の折には越えたと主張するならば、渡辺史生が『災害史研究のパイオニア吉田東伍』の中で述べているように、その証拠を示すことが必要である。吉田東伍は明治三十九年の論文の終わりに次のように書いている。平野部には未知の津波の痕跡が多数残されていると予測し、今の内にそれらの痕跡を見つけた方がよいと。

　仙台平野では開発にともなう遺跡の発掘調査で津波の痕跡を見つける努力が続けられているそうである。東日本大震災後に復興のための高速自動車道の四車線化や多賀城跡に近い地点で多賀城インターの建設が行われることになり、貞観地震の起きた頃の変わった砂の層が多賀城跡の南西を流れている砂押川の西岸で発見された。その砂は川が氾濫した川砂であったが、その中に海でしか棲息しない珪藻類が含まれていたことから、砂押川を溯った貞観津波による堆積物の可能性が出てきた。吉田

東伍の指摘した砂押川を溯った貞観津波の証拠を知るための具体的な手がかりがつかめたといえる。

また、平成二十六年（２０１４）に宮城県岩波市の「高大瀬遺跡」では三つの津波の堆積物が同時に発見された。一番下の古い地層からは貞観十一年（８６９）の地震の津波の堆積物が見つかり、その少し上には延喜十五年（９１５）に起きたという十和田火山の噴火の折の火山灰の白い層が出土した。その上の層からは十七世紀頃の津波の堆積物が発見された。おそらく伊達家の記録にも残る慶長十六年（１６１１）の三陸地震の津波の堆積物と想像されている。さらに、最も上には平成二十三年（２０１１）の東日本大震災の折の津波の堆積物が乗っていた。

参考文献

１　大塚徳良・竹内利美監修『日本歴史地名大系４　宮城県の地名』平凡社　１９８７
２　久富哲雄『奥の細道の旅ハンドブック　改訂版』三省堂　２００２
３　渡辺史生『災害史研究のパイオニア吉田東伍』長岡市立中央図書館文書資料室　２０１５
４　渡辺史生監修『大日本地名辞書を編さんした知の巨人　吉田東伍』新潟テレビ　２０１５

8

中世大内氏ゆかりの地——西の京・山口

西の京ともいわれた山口は、南北朝時代（１３３６〜９２年）より戦国時代（１４６７〜１５７３年）にかけて二世紀以上にわたり東の小田原と共に守護大名および戦国大名として名を馳せた大内氏の領国経営の中心地として繁栄したことで知られる。その山口の長い歴史の中で開化した大内文化を訪ねてみようと思い立ったのは、平成二十九年（２０１７）二月五日付の『朝日新聞』に掲載された「文化の扉」の歴史編として「戦国大名と天下」と題する以下のような記事を読んでからである。

天下統一を目指した戦国大名とは違い、中国地方西部にある旧分国名の周防・長門（現山口県）に勢力を張った大内氏、九州北東部の豊前・豊後（大分県）に覇を唱えた大友氏、さらには肥前（長崎県）の松浦《まつら》氏、肥後（熊本県）南部の相良《さがら》氏、薩摩・大隅（鹿児島県）の島津氏などの西国大名達は、眼差しを朝鮮・明や東南アジアに向け、それらの諸国との交易により得られる経済力を背景にして領国経営を進めようとした。特に大内氏が京の街を模して築いたという山口には京や大陸文化の影響を受けて成立したといわれる「大内文化」が生み出された。そこで、今も華やかな大内文化の面影を残す山口の史跡や文化財を訪ね、大内氏によって刻まれた長い歴史に触れてみることにした。

静岡県西部より山口までは高速道路で結ばれており、東名高速道路・伊勢湾岸道・東名阪道・新名神・名神を通り、吹田ＪＣＴより中国道に入り、神戸ＪＣＴより山陽道を走り、山口ＪＣＴで再び中国道を東に向かえば山口インターである。東名磐田インターよりここまで７５０㎞余り、約10時間程の旅である。

平成三十年（２０１８）の初夏に出発したが、久しぶりの長距離運転は喜寿を迎える身には堪《こた》え、

山口の市街地にある「湯田《ゆだ》温泉」で旅の疲れを癒すことにした。なお、この温泉は六百年前に白狐が傷を治すのをみて発見されたという伝説が残されているようであるが、実はこの温泉の歴史はもっと古いようであり、すでに正治《しょうじ》二年（１２００）の周防国府文書には湯田温泉についてのことが記されており、大内氏の時代には湯治場になっていたようである。無色透明の軟らかなpH９・４のアルカリ性単純温泉として知られている。

　さて、中世の西中国地方の雄族として知られた大内氏の始祖は、朝鮮半島の百済《くだら》国の聖明《せいめい》王の第三王子であった琳聖《りんしょう》太子と伝えられている。推古天皇十九年（６１９）に周防国にやって来て、聖徳太子より多々良《たたら》の姓と吉敷《よしき》郡大内村（現山口市大内御堀《みほり》）を与えられたと伝えられている。よって大内氏の出自は鑪《たたら》製鉄の技術を持って朝鮮半島より渡来した氏族であったと思われている。

　やがて大内氏を称して周防国の在庁官人として成長し、十二世紀中頃の大内氏第十六代盛房《もりふさ》の頃より周防権介《ごんのすけ》を世襲するようになり大内介を称した。こうして大内氏は国衙《こくが》の機構内に居ながら次第に在地勢力を結集して武士化の方向へと進んでいったようである。

　第二十四代大内弘世《ひろよ》（?～１３８０年）は、南北朝の動乱の中で巧みな政略により勢力を拡張していった。先ず南朝方として周防国を奪い取り、その西の長門国に侵入し、防長両国の守護に納まったのである。それまで大内氏は周防の国府の置かれた防府との往来に便利であった椹野《ふしの》川支流の仁保《にほ》川北岸に広がる大内御堀の氷上《ひかみ》を本拠としていたが、弘世の代には長門北部や石見《いわみ》国（島根県西部）へ

の進出を目論《もくろ》み、高嶺《こうのみね》（鴻ノ峰とも）などの自然の要害の近くの山口の地が好条件を備えていると判断してこの地に居館を移したのである。

その年代は明らかではないが、江戸時代に復元されたという『山口古図』には、山口は京に似て四神相応の地であるので延文五年（１３６０）に京に倣《なら》って町割りをしたと記されている。しかし、弘世が初めて上洛したのは北朝方の防長両国の守護に転じた貞治《じょうじ》三年（１３６４）であるので年代的には少々ずれがある。同五年に弘世は石見国の守護も兼任したことから、大内氏は南北朝の争乱の中で最も大きな利鞘を稼いだ大名であると揶揄《やゆ》されたといわれる。

そんなこともあり、最初に大内氏の本貫の地である大内御堀の氷上にあるという「興隆寺」と「妙見社」を訪れることにした。市街地の中央と呼ばれる交差点を南東へ向かい、市内の中心を貫流する椹野川の支流である一ノ坂川を渡り、次いでＪＲ山口線を越えて椹野川の本流を渡った。その先の御堀からかつては「萩往還」と称された道の方へ入れば氷上である。この道は、毛利氏が慶長九年（１６０４）に萩に築城した後に江戸への参勤交代のために日本海側の萩から山口を経て瀬戸内の防府の三田尻に至る53㎞の街道で、「御成道《おなりみち》」と呼ばれた。

氷上の集落で左折すると、間もなく石造りの鳥居の前に出る。三方を山々に囲まれてなだらかな丘陵地の左手の方に鐘楼があり、正面に横に長い切妻屋根の妙見社、その右隣に入母屋造りの興隆寺の中興堂が佇んでいる。

大内氏の祖の琳聖太子は推古二十一年（６１３）に興隆寺を創建して氏寺としたと伝えられている。

弘安五年（１２８２）の興隆寺文書に「氷上寺は多々良の氏寺なり」とあるように、元は氷上寺と呼ばれたのであろう。大内氏全盛期には大いに繁栄したようである。氷上山全体が境内になっており、法界門を入ると十町余りの間の両側には百余の塔頭《たっちゅう》が並んでいたと縁起には記されているという。

寺は弘世の父の第二十三代弘幸の時代の暦応《りゃくおう》四年（１３４１）および第二十九代大内政弘（１４４６〜９５年）の明応三年（１４９４）の二度の火災に遭遇したが、その都度再建された。現在、目にする中興堂は江戸時代の元禄八年（１６７５）に建立されたもので、中には興隆寺仏殿として永正《えいしょう》元年（１５０４）に第三十代大内義興《よしおき》（１４７７〜１５２８年）により奉安されたという像高１１２㎝の檜材寄木造りの本尊である釈迦如来座像が安置されているという。

妙見社は興隆寺の鎮守として第十一代大内茂村が天長四年（８２７）に下松《くだまつ》（降松《くだまつ》とも）にあった妙見社をこの地に勧請《かんじょう》して大内氏の氏神としたものである。

鐘楼には総高１８９㎝、口径１１２㎝の銅鐘が下がっているが、和様と朝鮮様を折衷した珍しい様式の鐘であるといわれる。銘文によると享禄《きょうろく》五年（１５３２）に第三十一代大内義隆《よしたか》（１５０７〜５１年）により寄進されたもので、国指定の重要文化財（重文）に指定されている。

大内氏本貫の地には二百年間にわたって大内文化の華が開いたといわれるが、今その面影を残すのは釈迦如来座像と梵鐘だけが往時の隆盛をわずかに伝えている。

興隆寺を後にし、次いで「古熊《ふるくま》神社」を訪れることにした。萩往還を市街地の方に戻り、椹野川に続いてＪＲ山口線を渡り、線路沿いを北東に向かい、山口駅の直ぐ北にある堂の前町の交差点を右折

し、再び山口線を越えて椹野川に架かる天神橋を渡れば程なく古熊神社の前に出る。なお、この辺りを流れる椹野川は天神川と呼ばれているが、その理由は古熊神社に菅原道真が祀られているからである。

この神社は大内弘世が応安六年（１３７３）に京都の北野天神を勧請したことで知られる。元は北野小路に鎮座していたが、江戸時代に入り元和《げんな》四年（１６１８）に毛利秀就により現在の古熊の地に移されたと伝える。古くは今天神あるいは山口天神とも呼ばれていたが、明治三年（１８７０）に古熊神社と改められた。

境内に入ると大きな檜皮葺重層入母屋造りの楼門の前に出る。楼門の中央には向拝が前方に向かって伸び出し、両翼には桁行一間の切妻屋根が付けられている。この建物は元は楼門として作られたものに床を張り拝殿としての役目を持たせたものであるという。この楼門と拝殿を兼ねた建物の後方に切妻の幣殿《へいでん》というべき建物が続き、さらにその奥に桁行三間・梁間二間の入母屋造りの本殿が結合されている。このように楼門と拝殿を兼ねた作り方は山口地方独特の形式のようである。楼門・本殿ともに大内義隆時代の天文十六年（１５４７）に造営され、国の重文に指定されている。

古熊神社を後にして堂の前町より再び萩往還に入り、竪小路《たてこうじ》の交差点を越え、大殿大路《おおとのおおじ》にある国の史跡に指定されている「大内館跡」へと向かった。前述のように、南北朝時代に防長二国を統一した大内弘世は延文《えんぶん》五年（１３６０）に大内御堀より山口盆地の中央やや北寄りの七尾山麓に広大な居館を構えた。「大内御殿（大内館）」と呼ばれた居館は百間四方の土地に堀と土塁を巡らし、主殿を中心

「大内御殿（大内館）跡」に建つ「龍福寺本堂（国重文）」

にして多くの建物や庭園が配されており、領国統治の政庁としての機能を有していたといわれる。

　貞治《じょうじ》三年（１３６４）に初めて京に上った弘世の様子を『太平記』巻三十九には、「爰《ここ》ニ大内ノ介ハ（中略）在京ノ間、数万貫ノ銭、新《しん》渡《と》ノ唐物《とうぶつ》等、美ヲ尽シテ、奉行・頭人・評定衆・傾城・田楽・猿楽・遁世者マデ是ヲ引キ与ヘケル」と記されている。弘世は公家の娘を夫人にしたというが、夫人は山口に下ってからは都が恋しくて泣き暮らしたそうである。それを見た弘世は憐れんで京に倣って山口の街造りを行い、京より祇園社や北野天神を勧請したり、また町名に大路や小路の名を付して京の風雅をまねたのである。後世の大内氏の発展の基礎はこの弘世の代に確立されたといっても過言ではないといわれている。

現在、大内館跡は龍福寺《りゅうふくじ》の境内になっている。第三十一代大内義隆が天文二十年（１５５１）に有力家臣であった陶隆房《すえたかふさ》（晴賢《はるかた》）によりこの大内館で襲われ、長門の大寧寺《だいねいじ》で自刃して果て、事実上大内氏は滅亡したのである。毛利元就の子隆元は弘治三年（１５５７）の義隆の七回忌に上宇野令白石《かみうのれいしらいし》にあった第十八代大内満盛によって建永《けんえい》元年（１２０９）に創建されたという龍福寺を大内館跡に移して再興した。しかし、この時の諸堂宇は明治十四年（１８８１）の火災によって焼失してしまった。同十六年（１８８３）の再建に際して前述した大内御堀にあった興隆寺の釈迦堂を移築したのが現在の本堂である。この時の建物は桁行・梁間ともに五間の大きな桟瓦葺入母屋造りであったが、平成十七～二十三年（２００５～１１）の修復時に元の檜皮葺きの屋根に戻されたという。室町時代の代表的寺院建築として国の重文に指定されている。

大内館跡は昭和五十三年（１９７８）から発掘調査が行われ、堀や土塁の規模や龍福寺本堂の南東にあったという庭園の遺構などが確認され、池泉庭園が復元されている。

大内館の直ぐ北には道を挟んで第二十八代大内教弘《のりひろ》（１４２０～６５年）によって築山館《つきやまやかた》（大内御殿）と呼ばれる大内氏の居宅が設けられた。教弘が「築山殿」と呼ばれたのはそのためである。大内氏の別邸であっただけに一段と豪華な居館であったといわれる。文明十二年（１４８０）に第二十九代大内政弘に招かれて山口に滞在したことで知られる連歌師の宗祇《そうぎ》は、その豪華な様子を『老葉集』の中に次のような発句を残している。

池はうみ木《こ》ずゑは夏のみやまかな

現在は館跡の北西の隅に鍵型の長さ70ｍ、高さ４ｍ程の下部が石垣で造られた土塁が残っているだけである。境内の右には「八坂神社」、左には「築山神社」が少し間をあけて並んでいる。

祭神として素戔嗚尊《すさのおのみこと》と奇稲田姫《くしなだひめ》を祀る八坂神社も、第二十四代大内弘世が応安《おうあん》二年（１３６９）に京都の八坂社より勧請したもので、祇園社と称された。京都と同じように毎年七月二十日から祇園祭が行われるそうである。檜皮葺入母屋造りの拝殿には向拝が、両翼には桁行一間の切妻屋根が付けられており、その後方には切妻屋根の幣殿を間にして三間社流造りの本殿が結合している。古熊神社の本殿は入母屋造りであったが、八坂神社の本殿は流造りであるという違いがある。本殿は永正《えいしょう》年間（１５０４〜21年）に建立されたもので、国の重文に指定されている。

左の築山神社は第三十一代大内義隆を主神に、天文二十年（１５５１）に陶隆房のクーデターで亡くなった義隆の子義尊らを配祀した社殿が毛利輝元により創建された。その後、社は山口の地を転々としたが、明治三年（１８７０）に大内御堀の興隆寺境内にあった東照宮の社屋をこの地に移して築山神社としたものであるという。

次いで、八坂神社の東の八幡馬場《やわたのばば》に鎮座する「今八幡宮《いまはちまんぐう》」に立ち寄った。八幡宮というから祭神は応神・仲哀天皇並びに神功皇后である。創建年代ははっきりしないが、第十九代大内弘成に今八幡という娘がいて、これが神社の社名に因んだ名前であるということから、大内氏の全盛期以前にこ

の神社があったことが分かる。社伝によれば、貞観元年（８５９）に豊前国の宇佐八幡宮から分霊を勧請し、山口の下宇野令《しもうのれい》朝倉の地に創建されたのが始まりという。

石段を上って境内に入ると、正面に柿葺《こけらぶき》重層入母屋造りの楼門が見える。両翼に桁行一間の切妻屋根があり、前方に向拝が付けられている。拝殿を兼ねる楼門の後方には切妻屋根の幣殿を間にし、その奥に向拝付の三間社流造りの本殿がある。先程見た八坂神社の社殿と同じ造りである。現在の社殿は文亀三年（１５０３）に第三十代大内義興によって建立されたもので、やはり国の重文に指定されている。なお、この神社には大内義隆の寄進した直径85㎝もある大きな銅製の鰐口《わにぐち》がある。龍や天女を配した文様は室町期の鋳金工芸の代表作として国の重文になっているが、現在は山口市歴史民俗資料館に展示されている。

今八幡宮を後にし、山口の街並みの北を南西から北東に向かい走る国道9号線に入り、七尾山トンネルをくぐり抜け、平野の交差点の手前を左折すれば、宮野下《みやのしも》にある臨済宗東福寺派の「常栄寺」である。この寺の庭園は第二十九代大内政弘が文明年間（１４６９～８７年）に画僧として有名な雪舟等楊（１４２０～１５０６年）に命じて築かせたものと伝えられ、「雪舟庭」として広く知られている。

常栄寺は毛利隆元の菩提寺であるが、それ以前は大内政弘の母である妙喜寺殿宗岡妙正大姉の菩提寺で、政弘が母のために別荘を菩提寺（妙喜寺）としたといわれている。文久三年（１８６３）に山口の街中にあった隆元の菩提寺がこの地に移されたという。

山門をくぐり勅使門の右にある鐘楼門を抜けると、左手には昭和四十三年（１９６８）に作庭され

常栄寺庭園として雪舟により作庭された「雪舟庭（国史跡・名勝）」

た南溟庭《なんめいてい》が広がっている。その先の茶堂を過ぎると、本尊の千手観音菩薩の安置されている大きな本堂がある。本堂の北一帯に国の史跡および名勝に指定された雪舟庭が広がっている。九百坪（３００㎡）もある庭園は東西北の三方は山林に囲まれ、南に開けた区域の中央は池泉のある廻遊式庭園になっている。本堂の前は芝生で覆われ一木もない。その先に心字池の池泉が広がり、北東の丘の斜面には龍門之滝と呼ばれる枯滝が配されている。池と芝生の庭面には大小の石が配されている。石はここから４㎞余り離れた一ノ坂川上流の天花《てんげ》から運ばれたものである。雪舟の画幅を目にしたフェノロサは「直線と角《かど》との最大の巨匠」と評したそうであるが、水と石を主体とした簡素で豪放な空間を構成しており、雪舟の画のように見事である。

　禅僧画家の雪舟は最も個性的な中世唐絵《からえ》様式を

創造したことで知られる。雪舟は応永二十七年（１４２０）に備中（岡山県）で生まれ、総社にある宝福寺の小僧時代に涙で鼠《ねずみ》を描いたということを絵本で読んだことがある。永享二年（１４３０）から享徳三年（１４５４）まで京都の相国寺に滞在し、天章周文《てんしょうしゅうぶん》に水墨画を学んだ。第二十八代大内教弘の時代に山口に迎えられ、雲谷庵《うんこくあん》で画事に専念した。

やがて応仁元年（１４６７）に大内氏の遣明船に乗り博多を発って寧波《ニンポー》に着き、翌年から北京に滞在し、翌々年に帰国している。しかし、明に滞在中の雪舟の行動は明らかではない。また、帰国後の居住地もはっきりしないが、文明八年（１４７６）から同十六年（１４８４）まで各地を巡った後、山口に帰っている。

雪舟の最高傑作とされる「山水長巻」（国宝）は文明十八年（１４８６）の作品で、雪舟六十七歳の時の作である。また、「破墨山水図」（国宝）は明応四年（１４９５）の作品であり、最もよく知られた「天橋立図」（国宝）は文亀元年（１５０１）の作品である。雪舟の死没時期や場所については諸説あるが、永正《えいしょう》三年（１５０６）に雲谷庵において入寂したと考えられている。

雪舟没後の雲谷庵では弟子の周徳らがその画系を受け継いだが、大内氏の滅亡とともにこの庵も荒廃し、明治の頃には廃絶してしまったらしい。その雲谷庵跡が七尾山麓の上宇野令にあるとのことで行ってみることにした。平野より国道9号線に戻り、七尾山トンネルを抜けた地点で右折して坂道を少し上った地点にある。現在は明治十七年（１８８４）に地元の有志によって再建された茅葺きの庵が訪《と》う人もなく佇んでいる。雪舟はこの敷地から大内氏の居館やこれから訪れる瑠璃光寺《るりこうじ》の五重塔を

眺めていたという。

国道９号線をさらに南西に進み、上竪小路を過ぎて一ノ坂川を越えた地点の警察体育館前を右折すると、程なく「洞春寺《とうしゅんじ》」の山門の前に出る。この地には第二十六代大内盛見《もりはる》（１３７７～１４３１）により建立された国清寺があった。最初、洞春寺は毛利輝元が祖父元就の菩提のために当時の毛利氏の居城であった安芸国郡山城内（広島県吉田町）に創建されたが、毛利氏が防長二国に転封されると、洞春寺も山口に、慶長十一年（１６０６）には萩へと移された。さらに明治二年（１８６９）には旧国清寺境内の現在地へと移設されたのである。

現在の洞春寺山門は、国清寺創建当時の檜皮葺切妻屋根の四脚門で、重文に指定されている。山門の先の本堂の左には桁行・梁間ともに三間の裳階《もこし》付きの銅板葺入母屋造りの唐様禅寺建築の観音堂がある。この御堂は上宇野令の滝にあった大内持盛（第二十七代大内持世の弟）の菩提寺である観音寺の仏殿として創建されたが、幕末には衰退してしまい観音堂だけが残った。大正四年（１９１５）に洞春寺境内に移され、やがて重文に指定された。なお、右手裏の墓所の奥まった処に大内盛見の墓が立っていた。

洞春寺の北部一帯は「香山《こうざん》公園」になっていて、毛利家の香山墓所や毛利敬親が幕末に藩庁を山口に移した際に藩庁内に建立されたという茶室の「露山堂」や倒幕の密議をしたという「枕流亭」などが復元されている。

公園のさらに北には瑠璃光寺がある。第二十九代大内政弘は応仁元年（１４６７）に始まった「応

大内文化の頂点を示す「瑠璃光寺五重塔（国宝）」

仁の乱」で京都に出陣した。この時、大内氏一族の陶弘房《すえひろふさ》も従軍したが、同二年の相国寺合戦で討ち死にした。弘房の夫人は夫の菩提を弔うために文明三年（１４７１）に山口の仁保に安養寺を創建した。しかし、明応元年（１４９２）に弘房の子弘詮《ひろのり》はその近くに一寺を建立して弘房の戒名である瑠璃光寺と改めたという。やがて寺は元禄三年（１６９０）に旧香積寺《こうしゃくじ》跡である現在地に移された。

瑠璃光寺の方から視線を右手の方へと移すと、興福寺および醍醐寺の五重塔とともに三名塔の一つとして国宝に指定された五重塔が佇んでいる。「瑠璃光寺五重塔」と呼ばれているが、この塔は応永六年（１３９９）に出来《しゅったい》した「応永の乱」において第三代将軍足利義満と和泉（大阪府）の堺で戦って敗死した第二十五代大内義弘（１３５６～９９年）の菩提を弔うために義

弘の弟である大内盛見《もりはる》によって義弘の創建した香積寺の境内に建立されたものである。

毛利輝元が防長二国に移封された際、一時的に香積寺を毛利元就の位牌所にあて、萩に居城を設けた時に香積寺の伽藍を慶長九年（１６０９）に解体して萩に移した。この時に五重塔も解体されそうになったが、山口の町民は塔の存置、つまり残して欲しい旨の嘆願書を毛利藩奉行所に提出した。毛利藩も五重塔は萩の築城には役立たないと判断して打ち捨てたのであろうか。しかし、その御陰で五重塔は残されたのである。大正四年（１９１５）に行われた塔の解体修理の折に「嘉吉《かきつ》二年三月二日云々」という墨書が発見され、この塔の竣工が嘉吉二年（１４４２）であることが判明したのである。

檜皮葺きのこの塔は室町中期の優れた建造物であると同時に、大内氏隆盛時の大内文化の頂点を示す遺構である。方三間の塔は、高さが31・２ｍあり、各層とも軒の出が深く、屋根の勾配は緩やかで、塔身部上層に行くにつれて間をつめているので胴部が細く見えてすっきりとした感じがする。また、初層の丈が高く、柱が太く、二層目には縁高欄《ふちこうらん》が付けられていて安定感がある。相輪の高さは８・１５ｍと長く、塔の高さの四分の一程あり、バランスがよく、姿が美しい。

五重塔の近くには若山牧水の歌碑がある。明治四十年（１９０７）に二十歳の牧水が夫人と共に東京からの帰途、この地に立ち寄り五重塔を詠んだものであり、喜志子夫人の筆になる碑には次のような歌が刻まれていた。

はつ夏の山のなかなる古寺の古塔のもとに立てる旅人

また、塔の直ぐ傍には司馬遼太郎の大きな文学碑があり、『街道をゆく』の第一巻の次のような一文が紹介されていた。文中の「八街九陌《はく》」とは大内弘世による山口の街造りと道路の整備を指す。

（長州は、いい塔をもっている）

と、惚れぼれするおもいであった。長州人の優しさというものは、山口に八街九陌をつくった大内弘世や、ザビエルを保護した義隆などの大内文化を知らねばわからないような気もする。

常栄寺の雪舟庭とともに大内文化の象徴ともいうべき瑠璃光寺の五重塔を後にし、再び国道９号線に戻って県庁前の交差点を右折すると、標高94ｍの香山を背にして山口県庁舎がある。なお、人口二十万人足らずの山口市は県庁所在地としては最も小さな町として知られる。

この辺り一帯は旧毛利藩の藩庁跡である。幕末の頃、毛利氏は居城のある萩では政治的にも軍事的にも地の利が悪いので、文久三年（１８６３）に藩庁をこの地に移したのである。ただし、藩庁といっても南と西に鍵型に濠を巡らし、屋形造りの建物を設けただけの簡単なものであった。当時の遺構として残っているのは濠と表門だけである。表門は本瓦葺脇門付の薬医門である。濠を渡ると大正五年（１９１６）に完成したというレンガ造りの旧県庁舎があり、現在は山口県政資料館として使用されている。

この資料館の前を西へ向かうと、永正十七年（１５２０）に第三十代大内義興により伊勢神宮の分霊を勧請して創建された「山口大神宮」がある。社殿は小さいながらも伊勢神宮と同様に外宮と内宮より成り、伊勢神宮と同じように二十年ごとに造営されてきた。なお、境内には多賀神社も鎮座している。

この神社の西方には標高３３８ｍの高嶺（鴻ノ峰、高峰とも）がそびえ、山頂には「高嶺城跡」があることで知られる。この城は弘治二年（１５５６）に大内氏最後の当主となった第三十二代大内義《よし》長《なが》（?〜１５５７年）が毛利氏の来襲に備えて大急ぎで築いた城塞である。義長は豊後の守護大名の大友義鎮《よししげ》（宗麟《そうりん》）の弟である。第三十一代大内義隆の姉が大友義鑑《よしあき》の夫人であったので、義長は義隆の甥ということになる。義長は義隆を討った陶晴賢に迎えられて大内家を継いだのである。

安芸の一国人《いちこくじん》領主から戦国大名として安芸国を統一した毛利元就は、今度は矛先を陶晴賢に向け、弘治元年（１５５５）に「厳島の戦い」で陶晴賢を破り、さらに兵を周防に進めようとした。元就の究極の目的が大内氏を滅ぼすことにあるのを知った義長は急いで高嶺城を築いて拠点にしようとした。しかし、弘治三年に毛利軍が来攻すると、義長は山口を放棄して長門に逃れたが、長府の長福寺（現功山寺《こうざんじ》）で自刃して果てた。こうして大内氏は完全に滅亡し、大内氏の領国はすべて毛利氏の支配下に入ったのである。

最後に日本にキリスト教を伝えたフランシスコ・ザビエル（Ｆ・Ｘａｖｉｅｒ）関連の史跡を訪ねることにした。県庁前の国道９号線の南に亀山公園が広がっている。亀山にはかつて長山城があり、

市街地を一望できたそうである。その山の中腹にはザビエルの来日四百年を記念して昭和二十七年（１９５２）に建造されたという「ザビエル記念聖堂」があった。その聖堂はクリーム色の二つの尖塔のそびえるロマネスク様式の建物で、ザビエルの出身地であるイベリア半島のナバラにあるザビエル城を模したものであった、しかし、聖堂は平成三年（１９９１）の火災で焼失してしまい、同十年（１９９８）にデザインを一新して再建された。新しい白亜のザビエル記念聖堂は聖書にある幕舎（テント）を表現する三角形をしており、その後部には高さが50ｍもある細い二本の塔がそびえている。聖堂の一階にはザビエルの足跡や殉教者などの資料が展示されており、二階は聖堂になっており、三階にはパイプオルガンが備えられている。

　ザビエルは１５０６年にイベリア半島ナバラ王国の宰相の子として生まれ、１５３３年にイエズス会を創立して東洋へキリスト教を布教しようとした。天文十八年（１５４９）に鹿児島に上陸したザビエルは布教に従事したが、天皇に布教の許可を得るために同十九年に平戸・博多を経て山口に立ち寄った後、翌年には京都に上った。しかし、応仁の乱で荒廃した京都を目にしたザビエルは布教を諦め、再び山口の大内義隆を訪れて布教を願った。義隆は一行に布教の許可と布教所および宿舎として大内館の東にある大道寺を与えたという。

　義隆の布教許可を得て布教に専念したザビエルであったが、天文二十年（１５５１）に起きた陶晴賢の反乱の直前に豊前の大友宗麟の招きでトルレス神父に後事を託して山口を離れて難を逃れた。同二十一年にはインドに渡り、１５５２年に中国へ向かう途中、病で没したという。

次いで、ザビエルが布教所兼宿舎として与えられた大道寺跡の近くの金古曽町《かなこそちょう》の「ザビエル記念公園」にある「聖ザビエル記念碑」を訪れた。明治二十二年（１８８９）に日本で最初の教会として使用された大道寺のあった場所が捜された。その結果、大内氏時代の山口の町を描いた『山口古図』の写しが残されており、大内館の北東に大道寺が明記されていた。しかし、その場所には旧陸軍第四十二連隊が置かれていた。そこで、そのすぐ南の金古曽町の土地が購入され、昭和元年（１９２６）に「ザビエル顕彰碑」が造られた。しかし、太平洋戦争末期にザビエル胸像も供出され、顕彰碑は破壊されてしまった。現在の記念碑は戦後に再建されたものである。記念碑は高さ６ｍ余りの十字架をかたどった花崗岩の碑で、十字の中央に円形に縁取られた銅製のザビエル像がはめこまれていた。

第二十四代大内弘世によって延文五年（１３６０）に京の街並みに倣い、司馬遼太郎の言葉を借りれば、八街九陌を造ったのを手始めとし、天文二十年（１５５１）に第三十一代大内義隆が長府の長福寺で自刃するまでの二百年近くにわたり、山口を中心にして京や大陸文化の影響を受けて生まれた「大内文化」と称される文化が花開いた。この間、大内氏は周防・長門の守護大名から第三十代大内義興の時代には防長二国に加えて豊前・筑前・安芸・石見・山城の七箇国の守護職を兼任する屈指の守護大名へと成長するとともに、朝鮮や明国との交易により手にした強大な経済力を背景にして大内文化は大きく開花したのである。

大内氏は早くから対外貿易を行っており、第二十五代大内義弘の時代に対朝鮮貿易を開始した。義

弘は既に康暦《こうりゃく》元年（１３７９）に朝鮮に遣使しており、北九州を掌握すると、応永三年（１３９６）には李氏朝鮮に遣使している。第二十七代大内持世《もちよ》（１３９４〜１４４１）や築山館（大内御殿）を築いたことで知られる第二十八代大内教弘の時代にも守護としての勢力を背影として頻繁に李朝に遣使して交易を行っている。その後、李朝は対馬の宗氏を介して来航者を整理するようになったが、大内氏に対しては享徳二年（１４５３）に通信印を給付し、通信符による貿易を認めている。「応仁の乱」（１４６７〜７７年）の折に山名方として兵を率いて上京し、西軍の将として重きをなした第二十九代大内政弘もその時の戦費調達を目的として遣使している。

対朝鮮貿易における交易品はどのような物であったのか。日本からの輸出品としては刀剣・扇子・漆器類・硯・茶・銅・鉄などで、胡椒・樟脳などの中継貿易による南方の産物もあった。また、日本への輸入品としては綿布・人参・苧麻《からむし》布・虎豹皮とともに大蔵経《だいぞうきょう》などが主なものであった。大蔵経というのは、仏教の経典を網羅した叢書で、一切経・蔵経とも称される。高麗版の大蔵経は良質の版本であったので、大内氏に限らずに幕府や諸大名も遣使の際にしきりに求めた。大内氏は大蔵経を多く所有しており、諸大名の羨望の的であった。

第三十代の大内義興、第三十一代の大内義隆の時代にも遣使されたが、永正七年（１５１０）に起きた「三浦《さんぽ》の乱」などもあり、李朝の貿易統制は強まり、貿易は縮小したという。

明国との貿易は三代将軍足利義満の時代から開始された。朱元璋《しゅげんしょう》が西暦１３６８年（正平二十三・応安元）に明朝を建国して太祖洪武帝となった。洪武帝は直ちに周辺諸国に死者を送り、明の建国を

知らせるとともに入貢を促した。この頃の日本は南北朝の内乱の最中であったが、元中《げんちゅう》九年・明徳三年（1392）に南北朝が合体すると、応永八年（1401）に明に朝貢の使者を送った。

その結果、応永十一年（1404）に明より「勘合《かんごう》」が支給され、勘合貿易体制が整えられた。勘合というのは明の皇帝が周辺諸国の国王（日本は足利将軍）に与えた入貢船に対する渡航証明書であり、室町時代にこの勘合を所持した遣明船によって行われた日朝間の貿易を「勘合貿易」という。明では自国の商船が自由に外国に渡航することを禁じ、日本船の入明に対しては勘合の所持を義務付けたので、勘合貿易は日明間の唯一の合法的貿易であった。

勘合貿易には進貢貿易・公貿易・私貿易の三種類があった。進貢貿易とは足利将軍より馬・太刀・硫黄・瑪瑙《めのう》・金・屏風・扇などを皇帝に進貢し、皇帝からは白金・絹織物・銅銭などが頒賜《はんし》された。公貿易とは遣明船に積まれた幕府の貨物、遣明船経営者の貨物、遣明船に搭乗することを許された客商や従商人の貨物を北京で価格を決めて行う取引きである。蘇木・銅・硫黄・刀剣が中心で、対価として銅銭や絹・布が用いられた。私貿易とは寧波《ニンポー》あるいは北京から寧波へ帰る折に沿道で行われた貿易の三つがあった。私貿易により日本へ輸入された物は生糸・絹織物・糸綿・布・薬種・砂糖・陶磁器・書籍・書画および銅器・漆器などの調度品であった。

遣明船による勘合貿易の利益はどの程度であったのであろうか。例えば明で唐糸一斤を二百五十文で購入して帰国すると、日本では五貫文つまり二十倍で売れたそうである。また、日本で一駄十貫文の銅は明では四十から五十貫文で売れたという。遣明船一艘の純益は一万貫を下ることはなかったと

いわれる。

大内氏が明との勘合貿易に主体的に参入するようになるのは宝徳三年（１４５１）の遣明船からである。この遣明船派遣は焼失した天龍寺の再建のために企画されたものであった。しかし、幕府は財政悪化のために幕府船を仕立てることができず、八代将軍足利義政は遣明船参入を希望する諸勢力に日明勘合をばらまいて勘合礼銭を集めようとした。この政策により宝徳度の遣明船はこれまでで最多の十艘の派遣が計画され、大内氏や大友氏が勘合を得ることができた。

この宝徳度の遣明船で第二十八代大内教弘は博多商人と手を組んだ。また、九州探題渋川教直名義の遣明船も実質的には大内氏と博多商人によって運営された。さらに、応仁二年（１４６８）に派遣された遣明船三艘（幕府・細川・大内船）の内、幕府船は将軍義政名義であったが、実際に費用を出したのは大内教弘の跡を継いだ第二十九代大内政弘であったという。

こうして十五世紀半ばの大内氏は対朝鮮交易に加え、明との交易に乗り出して行ったのである。その後、応仁・文明の乱（１４６７〜７７年）における幕府との対立や対抗する細川氏の策略によって文明八年度（１４７６）、同十五年度（１４８３）、明応四年度（１４９５）の遣明船には参画する機会を失った。しかし、十六世紀初頭の永正三年度（１５０６）および同十七年度（１５２０）の遣明船の派遣で第三十代大内義興は遣明船を復活させ、貿易の主導権を巡って細川氏と争った。両者は大永三年（１５２３）に中国の寧波《ニンポー》で「寧波の乱」を起こした。その結果、義興以降の遣明船の主導権は大内氏が握り、天文八年度（１５３９）と同十六年度（１５４７）の遣明船は第三十一代大内義隆

による独占の派遣となった。この二度にわたる遣明船は派遣主体の義隆に莫大な利益をもたらしたといわれる。

　大内氏は西国のみならず中央においても勢威を張り、戦国時代の義興の代に至って全盛期を迎えたのである。義興は永正五年（１５０５）に京都を追われて山口に逃れて来ていた第十代将軍足利義材《よしき》（義視《よしみ》の嫡男）を擁して上洛し、細川澄元と戦ってこれを破り、義材を将軍に復して義稙《よしたね》とした。義興は管領代として京都にあること十一年間に及んだ。その一方で瀬戸内海から北九州までの制海権を握り、対明貿易の実権を手中にし、次代義隆の時代にはこれを独占した。

　義興の跡を継いだ義隆は七箇国の大守となり、その勢威は極盛に達した。戦乱の京都を逃れて山口を訪れる公家や文人は多く、山口は「西の京」と呼ばれて繁栄し、一大文化都の観を呈した。しかし、その義隆は天文二十年（１５５１）に陶晴賢の謀反により山口を逃れて自刃して果てた。全盛を極めた積年の栄華は一場《いちじょう》の夢となって消滅したのである。龍福寺に次のような義隆の辞世が残されている。敵も味方も人の命は露のように又稲妻のように儚《はかな》いものであるという意味であろうか。

討つ人も討たるる人も諸《もろ》ともに如露亦《やく》如電応作如是観

　大内氏を含む西国の戦国大名の活躍も全国統一が進むにつれて終焉を迎えるのである。統一政権の登場は自由貿易から朱印船貿易のような管理貿易へと向かわせたのである。

参考文献

1　奈良本辰也・三坂圭治監修『日本歴史地名大系36　山口県の地名』平凡社　1980
2　竹内理三編『角川日本地名大辞典　35山口県』角川書店　1988
3　齋藤建夫編『郷土資料事典35　山口県』人文社　1998
4　鹿毛敏夫『アジアのなかの戦国大名』吉川弘文館　2015
5　川岡　勉・古賀信幸編『日本中世の西国社会③　西国の文化と外交』清文堂　2011
6　司馬遼太郎『街道をゆく　一』朝日新聞社　1971

9　大宰府探訪と新元号「令和」誕生の地

何時の日にか鉄砲伝来の地として知られた鹿児島県大隈諸島の種子島を訪れたいと思っていたが、その折には大阪空港より種子島直行便を利用するつもりでいた。しかし、屋久島が世界遺産に登録されると、大阪から大隈諸島への直行便は屋久島行きとなってしまった。そこで、種子島に渡るには新幹線で鹿児島まで行き、そこから高速船を利用するのがよさそうである。このルートを辿るならば、ついでに博多の近くの大宰府跡を訪れるとともに新元号「令和」誕生の地を訪ねてみようと思った。

平成三十一年（２０１９）五月一日は新元号令和の幕開けとなったが、天変地異はとどまることを知らず、台風と集中豪雨に悩まされる年となった。次々と日本本土を襲う台風は各地に甚大な風水害をもたらした。そんな訳で台風十九号が静岡県を通り過ぎた十月十五日に博多へと出発した。

浜松駅で新幹線に乗り、名古屋駅で「のぞみ号」に乗り換えて一路博多を目指した。実のところ、のぞみ号に乗車するのは生まれて初めてであった。四時間足らずで博多駅に下り立ち、ＪＲ鹿児島本線に乗り換えて太宰府市へと向かった。

なお、「だざいふ」の漢字表記についてであるが、律令制下の地方官庁である国衙を指す場合には「大宰府」と表記されるが、その大宰府のある地方自治体の名などの場合には「太宰府」と表記される。したがって、「太宰府市」とか「太宰府天満宮」と表記される。このような表記になった理由は分からないが、問題は両者が混同されて用いられていることである。

その大宰府は筑前国中央郡の南に位置する御笠《みかさ》郡に置かれた。その郡名を負う御笠川は太宰府市東

部にそびえる宝満山（標高869m）の西方に源を発し、同市を横断して福岡平野を北西に向かって流れて博多湾に注いでいる。『延喜式』および『和名抄』に「御笠」とあり、古代に大宰府が置かれるとともに、水城《みずき》・大野城《おおののき》・観世音寺・筑前国分寺・安楽寺（後の太宰府天満宮）なども当郡に所在した。

大宰府の起源についてであるが、『日本書紀』の宣化元年（536）条に見える「那津宮家《なのつのみやけ》」とする説がある。しかし、宮家とは少し性格が異なっているといわれる。その後、崇峻《すしゅん》五年（592）条には「筑紫将軍所」、推古十七年（609）条には「筑紫大宰」の名が見られ、この頃には筑紫に外交・軍事を司る施設があったと思われる。しかし、「大宰府」という名称の初見は、天智六年（667）条の「筑紫督府」、同十年（671）条の「筑紫大宰府」であるといわれる。

このように天智朝の頃から「大宰府」の名が見えるようになるのは、天智二年（663）に朝鮮半島の白村江《はくそんこう》において日本の水軍が唐の水軍との戦いに敗れたのを機に施設や組織に大きな変革があったことが示唆されている。天智三年に唐・新羅連合軍の博多湾から大宰府への侵攻を防ぐために「水《みず》城《き》」が、次いで同四年には「大野城」および「椽《き》（基《き》肄《い》）城《のき》」が築かれた。

持統四年（690）には大宰府が西海道九箇国と壱岐・対馬・種子島を総監する体制がようやく整ったようで、官制が完成したとされる。『大宝令《たいほうりょう》』にある職員令には帥《そち》、大《だい》・少《しょう》弐《に》、大・少監《かん》、大・少典《てん》の四等官以下五十名の長上官が記されており、番上官を加えると六百人近い官人数であったという。

大宰府は西海道各国を統制する総督府であると同時に、「蕃客・帰化・饗讌」すなわち海外から来朝

する使節の送迎および接待を行う役割を担っていた。

大宰少弐であった藤原広嗣《ひろつぐ》が僧玄昉《げんぼう》および吉備《きびの》（下道《しもつみち》）真備《まきび》を除こうとして天平《てんぴょう》十二年（７４０）に起こした乱のために大宰府は廃止され、政務を筑前国に代行させるとともに「鎮西府」を設けて軍事のみを担当させた。しかし、天平十七年（７４５）に大宰府は旧に復された。また、天慶《てんぎょう》四年（９４１）の藤原純友《すみとも》による叛乱では放火により灰燼《かいじん》に帰したが、程なく再建されたという。大宰府の廃絶を明確に示す史料は無いようであるが、十一世紀前半にはその機能は失われていたと推定されている。

博多駅より鹿児島本線の電車に乗り、最初の訪問先の「水城」へ向かった。二十分程で水城駅に到着すると、駅の直ぐ右手には一見して人工の土手と分かる木々の生い茂る堤が延々と東西に走っており、水城の遺構であることを直感する。『日本書紀』の天智三年（６６４）条には次のように記されている。

> 是歳《このとし》対馬《つしま》嶋・壹岐《いき》嶋・筑紫国等に防（防人《さきもり》）と烽《とぶひ》（狼煙《のろし》台）とを置く。
> 又筑紫に大堤を築きて水を貯《たくわ》へしむ。名付けて水城と曰《い》ふ

前述したように、水城は唐の水軍との白村江の戦いに敗れ、唐・新羅連合軍の来襲に備えて築造さ

れたもので、福岡平野から筑紫野へと連なる平野部の狭小な部分を遮断するようにして築かれたもので、全長１・２km、基底部の幅40ｍ、高さ13ｍの大堤で、東西の両端部に門が設けられていた。中央部は御笠川が流れているというよりも、現在は九州自動車道、国道3号線ならびに西鉄天神大牟田線により大きく断ち切られている。かつては水を蓄えていたことから水城と呼ばれたのであるが、その貯水場所が長年にわたり謎であった。やっと昭和五十二年（１９７７）の発掘調査により土塁の外側である博多側に幅60ｍ、深さ４ｍの水濠跡が発見され、疑問は解決されたのである。さらに、この水濠に水を導入するために東門に接する土塁の下を貫通する全長80ｍ、幅１・２ｍ、高さ０・８ｍの箱形の木樋《もくひ》も発見されたという。

　この水城の築造に続いて、『日本書紀』天智四年（６６５）条には、長門国に城（名称不明）を築かせ、大野城および椽城を築造させたと記されている。これらの築造に当たっては亡命百済人が中央から派遣されていたことからこれらの城が朝鮮式山城であったことが判る。水城の大堤の遥か先には大野城跡のある四王寺山《しおうじやま》（４１０ｍ）がそびえている。その山塊は太宰府市、大野城市ならびに糟屋《かすや》郡宇美《うみ》町にまたがっており、古くは大城《おおき》山あるいは大野山とも呼ばれていたという。

　広大な城域を有する大野城は、土塁と石塁（石垣）が山の稜線と谷間を繋ぐように巡らされており、その総延長は８kmにも及ぶといわれる。その間に四箇所の城門が設けられていたという。これらの門は掘立柱式の木戸であり、残存していた柱痕の年輪年代測定法により６２８年プラスαという値が得られ、『日本書紀』に記載されている築造年代の６６５年に近い値であったという。また、城内の平

坦面には高床式倉庫と思われる建物が七十棟も配されていたことから、大宰府に有事が起きた際の「逃げ込み城」と推定されている。

もう一つの椽（基肄）城は太宰府市の南に位置する筑紫市と境を接する佐賀県三養基《みやき》郡基山《きやま》町にある基山（４０４ｍ）に築かれたやはり朝鮮式の山城である。かつて対馬を訪れた折に旧美津島町（現対馬市）の城山《じょうやま》に築かれた朝鮮式山城の「金田城《かねたのき》」を半日余りかけて散策したことを思い出す。

水城をあとにして近くの西鉄天神大牟田《おおむた》線の下大利《しもおおり》駅より電車に乗って都府楼前《とふろうまえ》駅まで行き、そこから歩いて大宰府政庁跡へと向かった。静かな清流の御笠川に架かる朱塗りの橋を渡って１㎞余り歩くと、政庁の正門であった南門跡の前に出た。

大宰府政庁を含む史跡の発掘は、昭和四十三年（１９６８）より開始され、これまでに十一次の調査が行われた。その結果、三期にわたる遺構の変遷が明らかにされている。

第Ⅰ期は七世紀後半から八世紀初頭までの大宰府政庁創設期造営の掘立柱式の建物遺構である。この時期の遺構については、造営年代や全体の建物配置など不明な点が多いといわれている。第Ⅰ期の最終段階の建物遺構は第Ⅱ期遺構の建物の方位に一致しており、第Ⅰ期から第Ⅱ期への連続性が示されているという。

第Ⅱ期遺構の造営は、八世紀第１四半期であり、八世紀の十年代後半頃が有力視されているという。第Ⅱ期遺構が第Ⅰ期のそれと大きく異なっているのは、礎石が使用されている点であり、都宮に倣った朝堂院風の建物配置になっていることである。この第Ⅱ期の建物は、前述したように天慶四年

（９４１）に起きた「藤原純友の乱」の時の放火により消滅した。

第Ⅲ期遺構の建物は、消滅後それ程の時間を経ずして規模を拡大して再建されたという。この時期の建物の配置は第Ⅱ期のそれを踏襲しているといわれる。一般には、この頃は既に律令体制が衰退期に入っていたと想像されている。

南門跡より「大宰府政庁跡」を望む

政庁跡の正面の石段を上ると南門跡の前に出る。今は大きな礎石が整然と並んでいるだけである。礎石の配置からすると往時の「南門」は、桁行五間・梁間二間の大きさがあり、その復元図によると重層入母屋造りの豪壮な構えのようであった。南門跡を過ぎると、復元模型には桁行四間・梁間二間の単層切妻造りの「中門」があり、その左右には「回廊」が内庭を取り囲むようにして造られていたようである。その中門の先には石敷の内庭を挟んで左右に二棟ずつ合計四棟の「脇殿」があったという。今はやはり大きな礎石が並んでいるだけである。脇殿の復元模型によると、いずれも桁行七間・梁間四間の単層切妻造りの建物のようであった。石敷の内庭の正面奥には「正殿」があったと思われるが、今は礎石が並んでいるだけで

ある。礎石の配置から正殿は桁行七間・梁間四間の重層四面廂《ひさし》の寄棟造りの建物のようであった。さらに、正殿跡の後方にも築地に囲まれた後殿地区があり、建物跡が検出されているようであるが、今は一面に草が生い茂っているだけであった。

以上の発掘調査の結果からすると、政庁全体の広さは東西１１１ｍ、南北１８０ｍの矩形《くけい》をしていたことが明らかにされた。なお、大宰府政庁跡の東の一角に「大宰府展示館」があり、第Ⅲ期の大宰府政庁の縮尺百分の一の復元模型が展示されているそうであるが、あいにく今日は振替休日のために見学することはできなかった。

古い観光案内地図によれば、大宰府政庁跡の北北西の地に「坂本」という字名の地が残っている。この辺りに新元号の「令和」誕生の地といわれる大宰府公邸あるいは大宰帥《そち》（長官）を務めた大伴旅人《おおとものたびと》の邸宅があったといわれる。歩いてその地に行ってみると、「坂本八幡宮」と呼ばれる小さな神社がある。八幡宮というから応神天皇を祀る神社ではあるが、旅人とは関係のない神社のように思われる。

ところが、この神社が新元号令和誕生の地として令和元年五月一日からこの神社の御朱印を受領するために多くの人々が連日押し寄せたそうである。今も神社の前には臨時の集印所として使用するために机と椅子の並べられたテントが張られ、昨日までの三連休にも御朱印を求める多くの人たちが訪れたことを想像させる。

大伴旅人は大宰帥として神亀五年（728）に六十四歳という老体を押して妻とともにこの地に赴任したが、程なく妻を亡くしたのである。この頃の中央政権は高市皇子《たけちのみこ》の子である長屋王《ながやおう》と藤原不比等《ふひと》の子である武智麻呂《むちまろ》、房前《ふささき》、宇合《うまかい》、麻呂《まろ》の四兄弟の妥協といった感じの時代で、旅人は長屋王の側に立っていたこともあってか、大宰府に赴任させられたのではないか。もっと露骨な言い方をするならば、時の権力者の房前の策略ではなかったのかと想像される。

天平二年（730）正月十三日（新暦の二月八日）、旅人は九州一円の国守ら三十一人を邸宅に招き、庭に咲く梅の花を読み比べる宴を催したのである。その折の歌は『万葉集』巻五の中に「梅花の歌三十二首并《あわ》せての序」として収録されている。新元号「令和」の典拠となったのは、旅人の書き残したとされる辞から採られたとされており、その「書き下し文」は次のようである。

時に、初春の令月《れいげつ》にして、気淑《よ》く風和《やわら》ぐ
梅は鏡前《きょうぜん》の粉《ふん》を披《ひら》き、蘭《らん》は珮後《はいご》の香《こう》を薫らす

小島憲之らの現代語訳は、「折しも、初春の正月の佳《よ》い月で、気は良く風は穏やかである。梅は鏡の前の白粉《おしろい》のように白く咲き、蘭は匂袋のように香っている」とある。文中の「令月」の令という字と、「風和ぐ」の和という字を組み合わせて「令和」という新元号が生まれたのである。

では、この梅花の宴において大伴旅人はどのような歌を詠んだのであろうか。『万葉集』巻五に載

る旅人の歌（八二二）は次のようである。

　　我が園に梅の花散るひさかたの天より雪の流れ来るかも

歌の意味は、「梅の花びらが私の庭に播き散らされている。それらは空から舞い散る雪片であろうか」といったところである。なお、現在『万葉集』の英訳を続けているというピーター・マクミランの英訳が令和元年（２０１９）五月一日付の『朝日新聞』に次のように紹介されていた。

Plum-blossoms
scatter on my garden floor.
Are they snow-flakes
whirling down
from the sky?

それでは「令和」という元号は如何なる意味を持っているのであろうか。あるいはその元号にどのような願いが込められているのであろうか。新元号の名付け親として知られた万葉研究者であり、平成二十五年（２０１３）に文化勲章を受賞した高名な中西進氏は、雑誌『文芸春秋』（２０１９特別号）

に掲載された『令和とは「うるわしき大和」のことです』という評論の中で次のように記している。

それによれば、中国の辞書では「令」という字には三つの意味があるという。第一は「令は善なり」とあり、次に「法律の律なり」とあり、最後に「使役なり」と書かれているという。令和という元号が公表された折には、「令」は命令を意味し、使役の意味があるので新元号にはふさわしくないと発言する人たちがいたのは周知の事実である。漢和辞典によると、令という字の成り立ちは人を集めて跪《ひざまず》かせて触《ふ》れを出すとあり、自分もそのように感じた者の一人である。このような意見に対して中西氏は次のように反論している。

文字の原義つまり元々の意味は一つであり、文字には全てを総括する本質があり、「命令」を悪いことと捉えるのは間違っているという。「律」も同じで、悪い内容のことが律や掟《おきて》になることはないという。さらに、令嬢や令夫人は人々から敬われる存在であるというニュアンスを含んでいる。要するに、「令」というのは良いこと、善であり、さらには単に良いという意味だけではなく「麗《うるわ》しい」という意味を有しているという。

さらに続けて、令和の「和」は平和の和であり、「大和」すなわち「日本」を指しており、「令和」とは「麗しき日本」のことである。と述べている。国語に関しては門外漢であるが、にわかには賛意を表し兼ねる。

大化元年（６４５）から平成三十一年（２０１９）までの千三百数十年にわたる日本の歴代元号にはそれぞれの時代の為政者の理念や新時代の到来に対する期待が込められていたのであろう。当初の

頃はさて置き、平安時代以降の元号の選定に当たっては、学識のある家柄の者が様々な漢籍から幾つかの元号を挙げる「勘申《かんしん》」を経て、さらに上級の貴族による「難陳《なんちん》」により色々な面から議論を重ねて決定されたという。しかし、今回の元号の選定にあたり、どのような手続きを経て決定されたのか不透明である。

今回の新元号決定の経緯を鑑みるに、時の権力者である国家主義者は「令和」を含む六案を候補とする方針を決定し、九名より成る「元号に関する懇談会」にその案を提示した。その内の八名は国家主義者の暗の内に推す「令和」を支持したというから、新元号は極めて政治色の濃いものになったといえる。

このような経緯で決定された新元号「令和」を学識経験者はどのように受け止めたのであろうか。中国思想史が専門の小島毅氏は平成三十一年（２０１９）四月十日付の『朝日新聞』の中で幾つかの違和感を指摘しており、多くの点で賛意を表したい。

小島氏が最初に指摘したのは、新元号「令和」の訓《よ》みである。「令」という字は漢音《かんおん》（隋・唐以後、宋以前に長安地方で使われた漢字の音《おん》に基づいて我が国に持ち込まれた訓み）では「れい」であるが、六朝《りくちょう》時代（西暦２２２～５８９年）の呉音《ごおん》ならば「りょう」である。梅花の宴を主催した大伴旅人の想定したのは呉音であったと思われるから「りょうわ」でもよいのではと述べている。また、アルファベット表記もＲｅｉｗａよりもＬｅｉｗａにしてはどうかという。中西氏は、「れい」はＲ音で、ラ行の発音は美しいと述べているが、日本人にとりＲの発音は難しく、大部分の人はＬの発音である。

次いで小島氏が異を唱えたのは、漢字の「令」と「和」との組み合わせである。「令」と「和」には直接の関係が無く、結び付けるのは無理であるという。例えば、「昭和」という元号は、『書経』の中の「百姓《ひゃくせい》昭明にして、万邦《ばんぽう》を協和し」に基づいている。国内を意味する「百姓」と外国を意味する「万邦」とが対句《ついく》になっているので意味が通ずる。ところが、「令和」は対句になっていない語句の二字を無理矢理にくっつけた感じがするという。

さらに、歌の題材つまり梅の花も気掛かりだと述べている。「梅花三十二首」の歌の内の三十一首は咲き誇る花ではなく、散り行く花であり、縁起が良いと思う人は少ないのではないかと記している。

最後に出典を初の国書である『万葉集』という点に関してである。多くの研究者が「梅花の歌」の序文は中国の古典である王羲之《おうぎし》の「蘭亭序《らんていじょ》」にある「是ノ日ヤ、天朗ラカニ気清ク、恵風和暢ナリ」や『文選《もんぜん》』の中に載っている張衡《ちょうこう》の「帰田賦」の影響を指摘しているように、『万葉集』が出典であると主張しても、中国の古典に遡る可能性を否定できない。初の国書ということを強調する政府の姿勢は、大陸文化を基盤とする日本の伝統の成り立ちを軽視しているように映るのではないかという。

なお、「令和」という新元号の英訳に関してであるが、外務省は「麗しき調和」という意味からであろうか、中学生英語のような「beautiful harmony」なる訳語を提示している。これに対して『万葉集』の英訳に取り組んでいるというピーター・マクミランは「auspicious harmony」という訳語を提案している。Auspicious という語の意味は「吉兆の、幸先の良い、前途有望な」といったところである。前述の大伴旅人の歌の英訳といい、さすがに生粋の英文学者であると感じた。

少し寄り道をしてしまったが、再び大宰府散策に戻ることにした。大宰府政庁跡の東隣には「大宰府学校院跡」がある。これは大宰府に設置された官吏養成の学校であり、吉備真備が大宰大弐であった天平勝宝六年（７５４）に設備が整えられたという。現在はこの辺りの字名が「学校院」というだけであり、一面に草が生い茂っているだけであった。

学校院のさらに東には大宰府の庇護の下で九州一帯の寺院の中心として「府の大寺」と呼ばれたという「観世音寺」とそれに併設された「戒壇院《かいだんいん》」とがある。六十八歳の老女帝の斉明天皇は、唐と新羅の連合軍の攻撃を受けた朝鮮半島の百済を救援するために中大兄皇子《なかのおおえのみこ》と一緒に斉明七年（６６１）に九州の那大津《なのおおつ》（博多）に下ったが、程なく朝倉橘広庭宮（朝倉郡宮野村）で亡くなってしまう。跡を継いだ中大兄皇子は称制して天智天皇となった。天智は母の斉明女帝の菩提を弔うために観世音寺の建立を発願したと『続日本紀《しょくにほんぎ》』には記されているが、何故か完成までに八十数年が費やされたという。『扶桑略記』によれば、天平十七年（７４５）に僧玄昉《げんぼう》が観世音寺の修造を命じられて筑紫に下り、翌年にやっと観世音寺の供養が行われたという。

かつて、観世音寺は方三町の寺域を占め、講堂・金堂・五重塔など多くの伽藍《がらん》の立ち並ぶ大寺院であったといわれるが、その後の大火や災害などにより規模は縮小したといわれる。現在の金堂と講堂は江戸時代に黒田藩により再建されたもので、県指定の文化財に指定されている。

中世末に描かれたと推定される大永六年（１５２６）の絵図の写しによると、『観世音寺資財帳』

「観世音寺金堂」

の記載とよく符合しているようである。その伽藍配置によれば、「南大門」の西には「戒壇院」、東には「菩薩院」があり、南大門をくぐると中央奥に桁行七間・梁間四間の大きな「講堂」がある。その前庭には西に「金堂」、東に「五重塔」が向き合うようにして建てられている。このような金堂と五重塔の配置は、かつて訪れた多賀城廃寺と同じ様式である。また、講堂の左右の後方には「経蔵」と「鐘楼」が配されている。さらに、その後方には昭和五十一年（1976）の発掘調査により発見されたという長大な「僧房」の跡があり、資財帳に記載されている大きさと一致していたそうである。

　県道より北へ向かって真っ直ぐに延びる長い道の先に明るい茶色の低い壁に囲まれて本瓦葺重層入母屋造りの戒壇院が静かに佇んでいた。現在は宝珠山と号する臨済宗妙心寺派の寺院で、中には本尊の盧舎那仏《るしゃなぶつ》が安置されているという。かつては観世音寺に属する四十九院の一つであったが、天平宝字五年（761）に西海道諸国のために筑紫の戒壇が設けられ、東大寺および下野の薬師寺と並ぶ戒壇院となった。これに

より西海道諸国の僧尼はここで受戒すなわち戒律を授かることができるようになったのである。

戒壇院の右隣には観世音寺の境内が広がっている。正面奥には本瓦葺重層入母屋造りの金堂が深い森を背にして佇み、向かって左側の桟瓦葺単層入母屋造りの建物は講堂であろうか。観世音寺には白鳳時代より伝えられているという銅鐘は日本最古の梵鐘として国宝の指定を受けている。また前述したように観世音寺は度重なる火災などで創建当初の仏像群は失われているが、藤原時代初期から鎌倉時代初期にかけての十八体の仏像が収蔵されているといわれている。中でも丈六という一丈六尺（約５ｍ）を超す馬頭観音像《ばとうかんのんぞう》や樟《くすのき》の一木造りの兜跋毘沙門天立像《とばつびしゃもんてんりゅうぞう》などが知られている。

大永六年（１５２６）の絵図に描かれている講堂の前庭には金堂と五重塔があったというが、何処にあったのであろうか。金堂に向かって右手には大木の生い茂る薄暗い林があり、その中に入ると「五重塔跡」と書かれた標識が立っていて、そこには塔の基壇の切石や木材などが無造作に積み上げられていた。また、その少し南には何本かの杉の大木があり、「南門跡」の標識があるだけで、最早かつての府大寺の面影を偲ばせるものは残されてはいなかった。

大宰府政庁跡およびその周辺の散策を終え、観世音寺の北東２㎞ほどのところにある「太宰府天満宮」へと向かった。県道の右を走る西鉄太宰府線の五条駅を過ぎると、夕方が近いにもかかわらず、人通りが多くなり、やがて終点の太宰府駅の前に出る。天満宮の参道へと通じる石畳の歩道の両側には土産品店や飲食店が立ち並んでおり、名物の「梅ヶ枝餅」を焼く香ばしい匂いが漂う。十年余り前

「太宰府天満宮本殿」

に訪れた折の賑やかさと雑踏を想い出して懐かしかった。

　ここを左折すると天満宮であり、朱塗りの三連の太鼓橋を渡れば、天満宮の門前に出る。朱塗りの檜皮葺重層入母屋造りの門が堂々とした佇まいを見せる。その門をくぐり回廊に囲まれた広い中庭に出ると、正面中央にやはり朱塗りの大きな唐破風のある単層檜皮葺入母屋造りの本殿が静かに佇む。境内の周りは樹齢千年はあろうかという樟の大木に包まれて厳かな雰囲気に溢れている。全国に一万三千社はあるといわれる天満宮の総本社であり、本殿は重要文化財に指定されている。

　この天満宮に祭神として祀られている菅原道真（８４５～９０３年）は昌泰《しょうたい》四年（９０１）一月二十五日に故なき罪で大宰権帥《だざいのごんのそち》に左遷された。同年二月一日に追われるようにして大宰府

に下向した道真は、現在の榎社《えのきしゃ》の地に比定されている南館に居住して幽閉に等しい生活を送り、延喜三年（９０３）二月二十五日に没した。享年五十九歳であったという。

『帝王編年記』などによると、御笠郡四堂《しどう》の辺りに墓を築いて葬ろうとして牛車を引き出したが、途中で牛が動かなくなったので、その地に埋葬して廟所と定めて「安楽寺」としたといわれる。その後、延喜五年（９０５）に小さな祠堂を創建し、天満大自在天神と称したと伝えられている。これが太宰府天満宮の創始である。

道真は官吏養成を職掌する大学寮の中国の史学・文学を学ぶ紀伝道《きでんどう》に入学し、やがて文章博士《もんじょうはかせ》として中国文学・歴史を講ずる学者でありながら、宇多天皇に見出されて官僚として異例の出世を遂げたのである。宇多天皇の過大な評価と重用に苦悩しながら重大な国政に関与し、やがて右大臣まで昇進するが、藤原氏の策謀によって突然失脚し、大宰権帥に任じられて大宰府に下るのである。このような道真の左遷は、当時の藤原氏の若き当主であった藤原時平《ときひら》の陰謀であるというのが通説であるが、大宰府左遷に関連して時平と道真の関係が険悪にあるいは対立的に捉えられているが、実際にはそれほど単純ではなさそうである。

今回の大宰府を訪ねる旅に出る前に出版された滝川幸司の著した『菅原道真』の中に道真という学者政治家の栄光と没落について描かれている。その最終章には「万事皆夢の如し——大宰府への左遷」と題して悲劇の道を辿った道真の最後が次のように記されている。

その道真左遷の遠因は、宇多天皇の践祚《せんそ》（即位）にまで遡るのではないかという。元慶《がんぎょう》八年（８

８４）に第五十七代陽成《ようぜい》天皇の譲位にともない第五十四代仁明《にんみょう》天皇の子の時康親王が即位して第五十八代光孝天皇となった。その時、皇太子となったのは光孝天皇の第七子の源定省《さだみ》であった。名前から分かるように、定省は臣下から再び親王に復帰し、仁和三年（８８７）の光孝天皇薨去《こうきょ》により第五十九代宇多天皇となったのである。この頃の関白は藤原基経であったが、寛平《かんぴょう》三年（８９１）に没した。この時、基経の後嗣である藤原時平は未だ二十一歳であったので宇多天皇の親政となり、「寛平の治」と称された。翌年、時平は参議に任ぜられたが、そのような状況の中で宇多天皇は道真を積極的に登用して蔵人頭《くろうどのとう》に抜擢した。さらに寛平五年（８９３）には四十九歳の道真を参議に任じたのである。

この時、宇多天皇は第一皇子の九歳になったばかりの敦仁親王（後の醍醐天皇）を皇太子に定め、その二年後に敦仁に譲位しようとした。宇多天皇が譲位を望んだのは、皇統の確立と安定のためであったといわれている。すなわち、仁明天皇に繋がる光孝―宇多―醍醐と続く皇統の確立を正統化することを意図していたといわれている。しかし、道真は時期尚早と考えていたようである。

寛平九年（８９７）、時平は大納言に、五十三歳の道真は権大納言に任ぜられ、二人は政権運営を担当する重大な責任を負うことになった。この年、宇多天皇は譲位し、新帝の第六十代醍醐天皇は未だ十三歳で、時平と道真はいわゆる輔弼《ほひつ》（天子・君主などが政治を行うのを助けること）の任に就いたのである。

翌昌泰元年（８９８）に宇多上皇の第三子である斉世《ときよ》親王（醍醐天皇の異母弟）が元服して道真の

娘と婚姻し、さらに道真は宇多上皇の後宮に娘衍子《えんし》を入内《じゅだい》させた。時平と道真はそれぞれ左・右臣に任ぜられたが、道真は直ちに右大臣辞表を提出するが許されなかった。

この頃、光孝天皇の皇女為子《いし》内親王が醍醐天皇の妃として入内するが、時平は自分の妹の穏子《おんし》を強引に入内させ、宇多上皇の怒気を買ったといわれる。こうして宇多と時平の対立および醍醐と時平の接近という構図が出来上がった。さらに昌泰三年（９００）に道真の妻である島田宣来子《のぶきこ》が五十歳になった折に宇多上皇の女御《にょうご》となっていた道真の娘衍子が道真邸を訪れた。その際、宇多上皇も御行して宣来子に従五位下を授けたという。このことは宇多上皇と道真の結び付きをさらに世間にアピールすることになったことであろうと思われる。翌昌泰四年、道真の人生は大きく暗転することになったのである。

その年の正月七日に叙位があり、時平と道真は共に従二位に叙せられた。この時、時平は三十一歳、道真は五十七歳であった。ところが、その月の二十五日、突如として道真を右大臣から大宰権帥にするという醍醐天皇の宣命《せんみょう》（宣命体、すなわち語幹は漢字で大きく、語尾や助詞などは万葉仮名で小さく書かれた詔勅）が下されたのである。道真の左遷は醍醐天皇を廃しようとした罪であった。それによると、道真は寒門《かんもん》（貧しく、低い家柄）の出身から右大臣にまで昇進した者でありながら、分《ぶん》を知らずに専権（思うままに権力をふりまわすこと）の心があった。宇多上皇の心情を思いやらずに醍醐天皇の廃位を計画したというのである。宣命にある醍醐天皇廃位計画が事実か否かについては古くから議論があるが、時平側の策謀であるというのが一般的のようである。今の言葉でいえば計略に

嵌《は》められたのであろう。

滝川幸司によれば、宇多あるいは醍醐天皇自身にどれ程の対立感情があったのかは疑わしいという。少なくとも二人は宇多天皇の頃までは対立的ではなかったという。しかし、醍醐天皇や斉世親王の婚姻、宇多上皇譲位後の宇多と近臣との結び付きなどを経て徐々に対立感情が醸成され、その結果として道真の左遷に繋がったのではないかと述べている。何れにしても、今となってはこれらの点について真実を明らかにすることはできない。

しかしながら、時平によって道真が醍醐天皇を廃し、異母弟で道真の女婿である斉世親王を擁立しようと企み、既に宇多上皇の同意を得ていると若い醍醐天皇の不安を煽り立てて道真の陰謀を認めさせることに成功したということは充分に考えられる。これくらいの策謀や計略を巡らすのは、藤原鎌足以来の摂関家の面々にとり得意中の得意な政治手腕であったと想像できる。閨閥《けいばつ》政治の中にあり、そのような才能は藤原氏のＤＮＡに組み込まれていたとしか思われない。

道真が悲運の内に没してから五年を経た延喜八年（９０８）に、時平と醍醐側に取り込まれたとされる道真の弟子でもあり、時平・醍醐と道真との間を繋ぐ立場にあった藤原菅根《すがね》が死亡した。次いで翌年には道真の左遷を企てた首謀者とされる時平が三十九歳の若さで没した。いずれも道真の怨霊《おんりょう》によるとされた。また延喜二十三年（９２３）には時平の妹の穏子と醍醐天皇との間に生まれた保明天皇は二十一歳で没し、『日本紀略』には菅帥《かんそち》すなわち道真の霊魂の宿忿《しゅくふん》のなせるところであると記されている。道真が没して二十年も過ぎても人々は道真の無念の気持ちを忘れていなかったと思われ

る。この年、道真を右大臣に復し、正二位が贈られたという。

さらに、延長八年（930）に宮中の清涼殿に落雷があり、大納言藤原清貫が死亡し、この年に醍醐天皇も病に罹《かか》り死亡したという。そんなこともあってか、天暦《てんりゃく》元年（947）に京都の北野に天満宮が創建され、正暦《しょうりゃく》元年（993）に正一位太政大臣が贈られたのである。

夕暮れの近くなった太宰府天満宮をあとにし、今宵の宿の太宰府市の南の筑紫野《ちくしの》市にある「二日市温泉」の静かな出湯の郷へ向かった。市の南西にそびえる天拝山（257m）の麓に湧き出すアルカリ性単純温泉は、普通の温泉のように地下水がマグマの熱で温められるのと異なり、源泉付近の早良《さらら》花崗岩中に「モナズ石」と呼ばれるウラニウムを含有する岩石が存在し、このウラニウムが自然崩壊する時に発生する熱により地下水が温められて地上に湧き出した温泉である。この地質学的にも珍しい温泉に入ったせいか、歩き疲れた体の筋肉の痛みも癒えた。

参考文献

1　有馬　学監修『日本歴史地名大系41　福岡県の地名』平凡社　2004
2　小島憲之・木下正俊・東野治之校注『日本古典文学全集7　萬葉集』小学館　1995
3　中西　進『令和とは「うるわしき大和」のことです』文芸春秋　2019特別号
4　滝川幸司『菅原道真』中公新書　2019

10　鉄砲伝来の地、種子島を行く

種子島
喜志鹿崎
浦田神社
国上
581
馬毛島
栖林神社
西之表港
鉄砲館
天女ヶ倉山
わかさ公園
75
上石寺
安納
甘藷栽培初地の碑
能野
住吉
西之表市
現和
田之脇港
鉄浜海岸
安城
583
雄龍・雌龍の岩
種子島空港
浜津脇
納官
76
長浜海岸
種子島水道
増田
犬城海岸
58
75
75
島間港
中種子町
太平洋
島間
坂井
熊野神社
牛野
熊野浦
上中
千座岩屋
浜田海岸
広田
広田遺跡
南種子町
種子島
宇宙センター
大崎射場
茎永
吉信射場
赤米館
75
586
種子島灯台
崎原
宝満神社
宇宙科学技術館
竹崎
鉄砲伝来紀功碑
門倉崎
N
0
5 km

秋の訪れを感じさせる穏やかな早朝、二日市温泉をあとにし、次の目的地の種子島へ向かった。JR鹿児島本線二日市駅より電車に乗り、久留米駅で九州新幹線の特急「さくら」に乗り換えて鹿児島を目指した。一時間二十分で鹿児島中央駅に着いた。鹿児島の街は十年前に比べて大きく発展していた。

種子島西之表港行きの高速船乗り場の鹿児島本港の南埠頭に到着すると、すでに１６０トン余りの高速船は岸壁に繋がれていた。間もなく乗船の時間で、キャビンはすべてシートベルト付きの指定席である。三百名余りの満員の乗客を乗せて十時二十分の定刻に出港した。種子島までの所要時間は一時間三十分である。

鹿児島湾（錦江湾）に出ると、程なく時速を80㎞に上げて一路南へ向かった。三十分もすると、右手前方の薩摩半島の先端近くに薩摩富士として知られる秀麗な山容をした開聞岳《かいもんだけ》（標高９２４ｍ）が見えるようになる。やがて東シナ海に出ると、船は２～３ｍの大きなうねりの中を進む。左舷に見える大隅半島先端の佐多岬の沖を過ぎると、船首を左へ向けた。天気が良ければ、右舷60㎞の地点に屋久島が見えるはずであるが、雲がたれ込めて海岸線がわずかに見えるだけであった。やがて小雨が降り出し、黒々とした種子島がシルエットのように見えるようになる。しばらくして高速船は減速して西之表港に入った。

大隅半島の南30㎞程の大隅海峡を隔てて浮かぶ面積４４６㎢の種子島は、県下では奄美・屋久島に

次いで大きい。南北58㎞、幅７㎞、周囲１６９㎞の広さがあるが、最高地点はわずか標高２８２ｍの丘陵地状の島で、種子島の南端の西方20㎞に浮かぶ屋久島とは大きな違いである。

種子島の地質学的基盤は新生代古第三紀（六千五百万〜二千四百万年前）の始新世〜漸新世《ぜんしんせい》（五千二百万〜二千四百万年前）に形成された熊毛層群《くまげそうぐん》と呼ばれる礫《れき》岩・砂岩と砂岩・頁《けつ》岩との互層から成る。南部ではこの層を覆うように新第三紀中新世（二千四百万〜五百万年前）に堆積した茎永《くきなが》層群の砂岩・泥岩・礫岩が重なっている。

古代律令制の時代に入ると、種子島と屋久島は大和政権と接触するようになる。『日本書紀』の天武天皇六年（６７７）条にははるばると多禰島《たねがしま》人が大和を訪れており、同八年には朝廷は多禰島に使者を送っていることが記されている。また、『続日本紀《しょくにほんぎ》』の大宝二年（７０２）条には多褹島《たねがしま》は壱岐・対馬と同様に一国に準じられ、和銅二年（７０９）には国司が送られたことが確認できる。しかし、天長《てんちょう》元年（８２４）に多禰島は大隅国に併合されてしまった。

中世に入ると、琉球弧の北端にある種子島は黒潮の流れの中に位置していたことにより大陸との交易で重要な役割を果たすようになり、十五世紀の明代の頃には倭寇《わこう》の根拠地として注目された。また、種子島は古くから朝鮮と通交していたことが認められ、文明年間（１４６９〜８７年）には「勘《かん》合《ごう》貿易」の遣明船の派遣を巡り細川氏と大内氏が対立した時、劣勢に立った細川氏は遣明船の新航路を堺と西南日本とを直接結ぶ南海航路に求めたという。そのために航路沿岸の領主たちに遣明船の警

固を依頼し、種子島氏も永正《えいしょう》十七年（１５２０）に遣明船の警固を要請されたという。このような大航海時代の中で、ポルトガル人を乗せた船が種子島の南端の門倉《かどくら》岬に漂着し、日本に初めて鉄砲を伝えたのである。

天文十二年（１５４３）八月二十五日、「種子島の鉄砲風」ともいうべき台風が過ぎ去ったあと、島の西之村の海辺にポルトガル人を乗せた中国の大きなジャンクが漂着した。船には明国の五峰《ごほう》が乗っていて、西之村主宰の西村織部丞《おりべのじょう》と砂浜で筆談に及んだのである。五峰は倭寇の大頭目として知られた王直《おうちょく》である。五峰によれば、乗船していたのは西南蛮種（ポルトガル）の賈胡《かこ》すなわち商人で、交易を求めていると伝えた。そこで大船は第十四代島主の種子島時尭《ときたか》（１５２８〜７９年）の住む赤尾木《あこうぎ》の湊（現西之表港）へと曳航《えいこう》され、慈遠寺に宿舎を与えられた。やがて二人のポルトガル商人は持参していた鉄砲を時尭の前で試射したという。時尭は初めて目にした鉄砲の威力に驚いて、大金を投じて鉄砲を買い入れたのであった。その折のことが『鉄炮記』には次のように記されている。

賈胡之長有二人、一曰矣良叔舎、一曰喜利志多侘孟太、（中略）新手一物、修身、眇其目、而自其一穴放火、則莫不立中、（中略）時尭不言其之、高而難及、而求蛮種之二鉄炮、以為家珍。

文のおおよその意は次のようである。「商人の長は二人いて、一人はムラシュクシャといい、もう一人はキリシタダモウタといった。（中略）自ら一物を手にして、身を修め、目を眇《すかめ》にして、その一

穴より火を放つときには、すなわちたちどころに中《あた》らぬことはなかった。（中略）時尭はその価は高く、とうてい及び難かったけれども、この蛮種の二丁の鉄炮を求め、家宝とした」といったところである。

程なく、時尭は家臣の篠川《ささがわ》小四郎秀重に火薬の調合を、島内の鍛冶たちに鉄砲の模造を命じたという。

以上が種子島に鉄砲が伝来したことを伝える島津藩士南浦文之《なんぽぶんし》により著された『鉄炮記』の大筋である。しかし、本書は鉄砲伝来から半世紀も過ぎた慶長十一年（１６０６）に成立したものであり、史料的価値はそれほど高くはないというのが『鉄炮伝来』を著した宇田川武久の意見である。なお、現在では「鉄砲」と表記されるが、鉄砲は伝来当初から「鉄炮」と表記されたのである。

では、ポルトガル人の種子島漂着に関するポルトガル側の史料にはどのように伝えられているのであろうか。１５６３年にリスボンで刊行されたアントニオ・ガルバンの著した『新旧年代発見史』によれば、１５４２年に三人のポルトガル人がジャンクに乗りシャムからシナに向かう途中、暴風雨に遭って日本の島に漂着したと記されているという。また、イエズス会の宣教師ジョアン・ロドリゲスにより著された『日本教会史』には、三人のポルトガル人を乗せたジャンクが暴風雨のために海上を漂流して薩摩の海上の種子島に流れ着き、鉄砲の用法を教えたとある。このように外国側の記録には漂着の年を１５４２年とし、来日したポルトガル人を三名としており、『鉄炮記』の記述との間に食い違いが見られる。

なお、１６１４年にメンデス・ピントによりリスボンで出版された『回国記』（『ピントの遍歴記』とも）いう著書があり、種子島に鉄砲を伝えたのは自分達三人のポルトガル人であり、種子島漂着は１５４４年あるいは１５４５年であると記されているという。

では、種子島時尭に命じられた国産銃の開発は如何にして進められたのであろうか。火薬の調合を命じられた篠川小四郎は、硝石75％に硫黄と木炭を加えた黒色火薬の調合に成功した。『八板《やいた》氏《し》清定《きよさだ》一流系図』によれば、鉄砲の模作を命ぜられた鉄匠の八板金兵衛清定（１５０２〜７０年）は美濃国関《せき》の刀鍛冶で、招かれて赤尾木で鉄製品の生産に従事していた。金兵衛は惣鍛冶《そうかじ》としての責任から異人たちの逗留先である慈遠寺に出掛け、鉄砲製造の教えを請うが、中々要領を得なかった。この時、金兵衛は十七歳の娘の若狭をピントに与えて鉄砲製造の秘法を知ったという。

こうして鉄砲は模造できたが、銃身の底を塞《ふさ》ぐ方法が判らなかった。底がネジになっていたのであるが、当時の日本にはネジに関する知識が無かった。そのため銃身の底を塞ぐネジを作ることができず、数回の発砲で使えなくなってしまったらしい。

棒に直角三角形の紙片を巻きつけるとネジ山ができることから、ネジは斜面という楔《くさび》を巻き込んだものと同じであることを知ったのは、古代のアルキメデスであり、近代のガリレオであるが、金兵衛は先の折れた小刀で野菜をくり抜くことからネジというものを認識したという。しかし、ネジを切る技術は簡単には模造できず、やがてピントらは若狭を連れて出航してしまった。異国の地で若狭は次のような歌を詠んだという。

月も日も日本の方ぞなつかしや我が双親《ふたおや》のあると思へば

翌天文十三年（１５４４）春、ピントと若狭を乗せたポルトガル船が再び種子島坂井村の熊野浦に来航した。今度は若狭の願い通りに鉄砲作りの職人をともなっていた。時尭の命令で金兵衛は直ちに「底塞《そこふさ》ぎの術」を学び、国産銃を完成させたという。このエピソードは、『鉄炮記』にも『ピントの遍歴記』にも記されてはおらず、『八板氏清定一流系図』や前述の歌の碑にあるだけである。しかし、五峰と門倉岬の砂浜で筆談したという西村織部丞の末裔《まつえい》である西村天囚《てんしゅう》（１８６５〜１９２４年）が記しているように、故意に省かれた実話ではないかと書いているのは、『ジパング江戸科学史散歩』の著者である金子務である。

いずれにしても、司馬遼太郎が『街道をゆく　八』の中の「種子島みち」で述べているように、鉄砲は未開の孤島にやって来たのではなく、鉄に関する産業が当時の日本なりに高水準に達していた種子島にもたらされたのである。続けて、これが歴史の面白さであると書いている。

鉄砲の種子島伝来とその模造についての話が長くなってしまったが、今回の種子島訪問において最大の関心事の一つは、西之表市にある「鉄砲館」として知られる『種子島開発総合センター』に展示されているというポルトガル伝来銃と八板金兵衛清定により作られたとされる国産第一号銃をこの目で確かめることであった。西之表港をあとにして東へ向かい、国道58号線を横断して丘陵地との境の

左「ポルトガル初伝銃」と右「伝国産第一号銃」

石段を上り、鹿児島県熊毛支庁舎の前の坂道を歩けば、十分程で南蛮船をかたどった鉄砲館の前に到着する。鉄砲館を挟んで東に隣接する高台には鉄砲を携えて遥か赤尾木の湊の西に広がる東シナ海を見渡す種子島時尭の銅像が立っている。

館内の鉄砲展示室に入ると、左側にポルトガル初伝銃とされる火縄銃、右側には八板金兵衛清定の模造したという国産第一号の所伝を有する火縄銃が並んでいる。果たしてこの二挺の銃はそのような由緒を本当に有しているのであろうか。この点について宇田川武久は『鉄炮伝来』の中で次のように書いている。

先ず、ポルトガル初伝銃の形状についてであるが、銃身は古渡りの南蛮筒《なんばんづつ》と看做《みな》してよいが、種子島家の歴史を記した『種子島家譜』の明治十一年（１８７８）条に初伝銃の消息が次のように書かれている。「種子島時尭が得た火縄銃は明治十年の西南戦争の折に焼失してしまった。そのため西村時彦《ときつね》（天囚）は遠祖の西村織部丞が天文十二年に南蛮人より得た火縄銃を種子島家に献上した」と書かれているという。もし、これが事実とすれば、天文十二年に伝来した鉄砲は三挺ということになる。確かに『徳永氏系図』（徳永家文書）には前述した『鉄炮記』とは異なる次のよ

うな文章が記されているという。

南蛮船来于西之村海浜、（中略）裕家与地頭西村織部丞及村松七郎朝光、乗南蛮船、（中略）即贈鉄炮三挺、以示信、三人大喜持到城府献時尭、（中略）吾国鉄炮之権輿也。

なお、『種子島家譜』（全八十九巻）という書は、種子島家初代島主の信基（時信）が鎌倉時代に種子島を領して以来、第二十七代守時の明治三十四年（１９０１）に至るまでの約七百年間にわたる記録であり、これ程の長期にわたり各代毎に事歴が書かれている家譜が残っている例は珍しいといわれる。

一方、八板金兵衛が模造したという国産第一号銃というのはどうであろうか。この銃も南蛮筒の特徴を備えてはいるが、かつての鉄砲史家の所荘吉の調査によると、この銃の銃身底部には「種子島住定堅《さだかた》」の銃工銘が刻まれていたという。『薩摩旧記』によれば、銃工の定堅というのは江戸時代の安永年間（１７７２〜８１年）に実在した種子島鍛冶の平瀬新七定堅のことである。よって八板金兵衛清定作の国産第一号銃というのは、平瀬定堅により安永年間に製作された初伝銃の忠実な複製ということになる。したがって、鉄砲館に展示されている二挺の銃は数少ない南蛮筒の実物であるが、それぞれの由緒は『鉄炮記』の記事に基づいて後世に付会、つまりこじつけであった。

両銃とも銃身は細身で、短く、司馬が述べているように華奢《きゃしゃ》であった。また、ポルトガル初伝銃よ

りも定堅により製作されたという国産第一号銃の方がより精巧な印象を受ける。

これらの鉄砲と同時に興味を惹かれたのは、西之表港の少し南の上能野《かみよきの》の貝塚より出土したという鉄製の釣針であった。この貝塚は弥生時代後期（２〜３世紀）の頃のものであるという。西之表港の直ぐ近くの石寺《いしでら》では半世紀程前まで砂鉄を採取していた。石寺の浜辺だけでなく、西之表市の城之浜も砂鉄が豊富に採れ、鉄砲伝来の地の門倉岬の前之浜では良質の砂鉄が無尽蔵であるという。日本本土の製鉄は五世紀頃に始まったが、種子島では弥生期の貝塚から鉄製の釣針が出土するというのは、この島の弥生人は島内で鉄を採鉱し、製鉄を行っていたことを示している。

『和鉄の文化』を著した井塚正義は、「種子島に来た製鉄集団」と題して種子島は鉄器の使用をともなう水稲耕作により弥生文化を拓《ひら》いたという次のような説を展開したのである。

中国の南北の境界は、北の黄河と南の長江（揚子江）との間を流れる淮河《ホワンガ》であり「南船北馬」として知られる。その淮河の南は砂鉄製錬技術による錬鉄生産地帯であり、北は鉄鉱石還元による鋳鉄生産地帯で、「南砂北鉱」と称された。ヒマラヤ山系の東に広がる照葉樹林地帯で誕生した砂鉄製錬技術の一つは、大陸系技術系譜と呼ばれたように東へと辿り江南へとやって来た。その東方には東シナ海を隔てて種子島がある。もう一つは海洋系技術系譜といい、南下してインドシナ半島を縦断してジャワ・ボルネオ・スマトラを経由してフィリピン・台湾・日本の西南九州の種子島へとやって来た。

江南の砂鉄技術集団が種子島の砂鉄に富む海浜に現れたのは、江南の楚《そ》が秦《しん》に亡ぼされた紀元前２２１年頃ではないかといわれる。これに対して、南下した砂鉄製鉄の海洋系譜は黒潮に乗って種子島

に到達したと思われる。こうして種子島で出合った二つの砂鉄製錬技術は、双方の技術を合わせてより高度の技術を生み出した。この新しい技術を携えた集団はさらに北上して我が国最大の砂鉄地帯の中国山地に到達し、世界的タタラ製鉄として独特の発展を遂げたのではないか。

弥生時代の稲作伝播ルートとしては、朝鮮半島を南下したルートも明らかにされているが、中国の江南から東シナ海を渡って来たというのが現在では定説になっている。稲を携えてやって来た人たちがこの種子島という水田耕作に適した地に定着したであろうし、その中に製鉄技術を持っている人がいたとすれば、この種子島の豊富な砂鉄に目を付けないはずが無いであろう。井塚が述べているように、種子島という南海の島嶼《とうしょ》は稲作と製鉄がワン・セットで伝来したことになる。

なお、種子島では島全体から鉄屎《かなくそ》（鉄を製錬するときに出る鉱滓《こうさい》）が出土するそうである。このことは製鉄場や鍛冶場が至るところに存在したことを示し、製鉄や鉄の加工を行っていたことを示す証左である。室町期の大航海時代には当時の中国への輸出品の最大のものは刀剣であり、琉球へは玉《たま》鋼《はがね》も輸出されたであろう。司馬が鉄砲伝来は種子島の製鉄や鉄の加工の最盛期に起きた事件であると書いているのは、誠に穿《うが》った見方である。

鉄砲の展示室の隣には鉄砲の伝来をジオラマで紹介するコーナーが設けられているが、そのストーリーには疑問点や問題点もあり、新しい史実に基づいて再考すべきではと思うことしきりであった。

その隣には種子島特産の陶器として知られた「能野焼《よきのやき》」の展示コーナーがあり、鉄分の多い陶土で焼かれた独特の黒い色合いの壺や茶碗が並べられている。能野焼の開窯は十八世紀初頭に遡るといわ

れているが、詳細は不明である。明治に入り本土産の陶器に押されて二十世紀の初めに閉窯したといわれる。しかし、昭和四十六年（１９７１）に唐津焼の技術導入により能野焼の流れを汲む種子島焼が生まれるなど、能野焼の復活が目指されているという。

　また、種子島の偉人の一人として知られた前述の西村天囚（時彦）の遺品や大礼服姿の写真などの展示コーナーも設けられている。慶応元年（１８６５）に種子島の西之表で生まれた天囚は、明治十六年（１８８３）に東京大学古典講習科に入学するが、中退して同二十年（１８８７）に『屑屋《くずや》の籠《かご》』という風刺小説を発表して名声を得たという。明治二十三年（１８９０）に大阪朝日新聞社に入社したが、司馬は「種子島みち」の中で、その折の入社試験の答案を漢文で書いたというエピソードを紹介している。元来、種子島の属した薩摩藩には武士に学問は必要ないという風習があったが、種子島は例外で、好学の風習があり、『鉄炮記』にも西村織部丞についてもわざわざ「頗《すこぶ》ル文字ヲ解ス」と記されている。

　なお、天囚は明治三十七年（１９０４）一月五日付の朝日新聞の紙面に第一回の「天声人語」を執筆したことでも知られている。その内容は、朝鮮半島を巡って対立が深刻化していたロシアに対して早期に開戦すべきことを論じたものである。その一箇月後に日露戦争は始まったのである。

　次いで鉄砲館の東の高台にある中世の頃に種子島島主となった種子島氏が入府後に本城とした「赤尾木《あこうぎ》城跡」を訪れた。元々、種子島氏は大隅国の守護代であった肥後氏が十四世紀の南北朝の頃に種子島の領主になったのである。前述の『種子島家譜』によれば、種子島の初代島主は種子島信基

であり、赤尾木城の最初の城主は第二代信式とされているが、信式は実在しなかったといわれている。

赤尾木城は南北２５０ｍ、東西３５０ｍ程の広さがあり、北に高く、南に低くなっていて、四面とも空堀であったという。中央には南北方向に空堀があり、東は内城《うつじょう》、西は上之屋地《かみのやち》と呼ばれる曲輪《くるわ》であったが、江戸時代になり寛永元年（１６２４）に第十七代島主の忠時がかつての榕城《ようじょう》中学校のあった内城から現在の榕城小学校のある上之城の地へと移したといわれている。その後、第十九代島主の久基によって山鹿流築城法により整備され、明治二年（１８６９）の版籍奉還の時まで種子島家の居城であった。この城に榕《よう》と呼ばれる大きなアコウの木があったことから赤尾木城と呼ばれたという。その赤尾木城の跡にある榕城小学校へと続く石段を上ると、広い運動場を前にして校舎が望める。しかし、往時の城跡の面影もアコウの大木も見られなかった。

赤尾木城跡をあとにして鉄砲館の南にある本門法華宗の「本源寺《ほんげんじ》」を訪れた。『種子島家譜』によると、種子島に法華宗（日蓮宗）をもたらしたのは種子島家第十代の幡時《はたとき》であった。幡時は「紀州熊野権現を崇して毎年詣ず」と記されているように、毎年紀州へ出掛けていたといわれた。

司馬遼太郎は、幡時が法華宗を種子島に導入するに至った経緯を「種子島みち」の中で次のように推察している。室町期の足利将軍家は財政を往時の金融・貿易業者に委ねていたが、彼らの間で法華信仰が流行していた。熊野へ毎年出掛けていた幡時は、京で彼らと接触する機会を得て、やがてこの新興宗教を許容して行ったのではないかという。

やがて、第十一代島主の時氏は、寛正《かんしょう》六年（１４６５）に淡路島出身の日良上人に帰依するとと

もに、それまで律宗であった種子島家を本門法華宗に改宗し、種子島・屋久島・口永良部《くちのえらぶ》島のすべての島民を法華宗に改宗させたのであった。さらに、時氏は文明元年（１４６９）に日典上人を開基、日良上人を開山とする本源寺を建立して種子島家の菩提寺としたのであった。

本源寺の西には亜熱帯樹林に囲まれた「栖林《せいりん》神社」がある。薩摩藷《からいも》すなわち甘藷《かんしょ》（さつまいも）を初めて種子島にもたらしたことで知られた第十九代島主久基が祀られている。久基は「西林公」と称されていたことから栖林神社と呼ばれている。久基は元禄十一年（１６９８）三月に琉球王国の中山王尚貞に甘藷の分与を懇望して寄贈され、家臣の西村時乗に栽培法を研修させた。時乗は種子島の下《しも》石寺《いしでら》の大瀬休左衛門に試作を命じ、苦心の末に栽培に成功したという。なお、それから七年後の宝永二年（１７０５）には鹿児島の山川で前田和右衛門が甘藷の栽培を行っている。

司馬は、「種子島みち」の中で次のような興味深いことを書き残している。種子島に薩摩藷が伝来する少し前の貞享《じょうきょう》元年(１６８４)の薩摩藩の人口は三十万人であったが、二十二年後の宝永三年（１７０６）には四十六万人になっていたという。十万人以上の人口増加は薩摩藷の御陰であったと思われる。さらに、寛政十二年（１８００）には六十二万人、文政九年（１８２６）には六十六万人と薩摩藷伝来時の二倍になったのである。薩摩藷が伝来するまでは、産児の間引きにより人口増加が抑制されていたことを示している。よって薩摩藷の伝来は画期的な大事件であり、この感謝の気持ちが薩摩藷をもたらした人を神として祀ることになったのであろう。薩摩藷はコロンブスにより中南米で発見され、江戸中期以後の日本人の生命を繋いでくれたが、新大陸発見の影響の第一にこのことを挙げ

ている社会科の教科書が一冊でもあろうかと結んでいる。

栖林神社の境内の西には「御拝《おはい》塔」（拝墓《おがみばか》とも）と呼ばれる種子島家歴代の島主の墓地がある。広さは７００～８００㎡はあろうか。墓石は大きいとはいえないが、整然と並んでいる。中でも、永俊尼、十九代久基、松寿院などの墓は大きいが、鉄砲伝来で知られた時尭の墓は意外に小さく、この頃の種子島家の勢力や経済力はそれ程でもなかったことを暗示している。永俊尼はキリシタン弾圧で寛永十一年（１６３４）に種子島へ遠島となったカタリナ夫人であり、初代島津家久の義母で、小西行長の妻であったともいわれている。また、松寿院は薩摩藩主島津斉彬《なりあきら》の娘であり、幕末には第二十三代島主久道の名跡《みょうせき》を継いで女島主として種子島の大浦川塩田において製塩を行うなど島の経済的発展に活躍したことで知られる。

御拝塔と呼ばれる「種子島家歴代島主の墓」

西之表市街地の最後の訪問先としたのは、鉄砲館の直ぐ東側の道路を北へ進んだ地にある西之表市立種子島中学校である。かつてこの地には種子島高校があっ

たと思われるが、現在は種子島全体に六校あった中学校を一つに統合して平成二十一年（２００９）に誕生した種子島中学の敷地となっていた。中学校統合の折、新しい学校の校歌の作曲を依頼されたのが西村由紀江さんであった。彼女は昭和四十二年（１９６７）の大阪生まれで、桐朋学園大学を卒業して、現在はピアニスト・作曲家として活躍されている。

そのことを知ったのは、種子島の歴史・文化を調べるのに余念の無かった令和元年（２０１９）六月、朝日テレビで放送された「旅サラダ」という番組で種子島中学を訪れた彼女がその校歌をピアノで弾きながら生徒たちが歌う映像を偶然目にしてからであった。その時点では彼女の遠祖が鉄砲伝来の折に中国人の乗組員と砂浜で漢字を書いて筆談したという西村織部丞であり、その三百数十年後に『朝日新聞』の第一回の「天声人語」を書いた西村天囚の末裔《まつえい》であるとともに、彼女の祖父は初代西之表市長の西村健夫氏であることなど知る由も無かった。

そんなこともあって、種子島を訪れた折には種子島中学を訪れ、是非とも彼女の作曲した校歌の譜面を入手したいと思っていた。学校の受付でその旨を話すと、校長室に通されて複写をいただいた。そのコピーには彼女のサインと日付が入っており、テレビ撮影のために種子島を訪れた折に残された楽譜であることが判る。その折の校長先生と並んで撮られた写真が残されていた。

譜面によれば、曲調はヘ長調で、四分の四拍子のシンコペーション（切分音）つまり弱拍の曲である。冒頭には「海の広さを感じて」と指定されている。西には中国大陸へと続く東シナ海、東には黒潮流れる渺茫《びょうぼう》たる太平洋が果てしなく広がる種子島の置かれた地理的環境を胸に世界へはばたけとい

うのであろう。子供や知人にピアノで弾いてもらった感じでは、彼女が音楽を担当した映画『子ぎつねヘレン』の旋律を思い出すような曲であった。

天気の回復した翌日は、レンタカーで種子島全島を反時計回りに一周する予定である。全行程１６０㎞、八時間余りの旅である。西之表港をあとにして島内唯一の国道58号線を一路南へと向かった。最初に、市内の中心を流れる甲女《こうめ》川を渡り、左岸の丘陵地に広がる「若狭公園」を訪れた。公園の名は、鉄砲の模造に当たった八板金兵衛の娘であった若狭に因むのであろう。父のために若い身空でポルトガル人のもとに嫁したという若狭に対する市民の憐憫《れんびん》の情の現れなのであろうか。広い園内の高台にある展望台からは西之表港とその東に広がる市街地を見通すことができる。よく手入れされた園内の一角には昭和二年（１９２７）にポルトガルより贈られた「日葡《にっぽ》修好記念碑」が立っている。公園は桜の名所のようで、つつじ・ブーゲンビリア・ハイビスカスなどの四季の花が美しく、市民の憩いの場となっているようである。

国道に戻り上石寺《かみいしでら》の集落の先で上石寺川を渡ると、道路の左に「日本甘藷栽培初地の碑」が姿を見せる。碑文には次のように刻まれていた。

本邦甘藷の栽培は実に我が種子島に創《はじ》まり、種子島は我が下石寺を以て試作の地と為す。故に題して日本甘藷栽培の碑と曰ふ。初め栖林公、治を図るや、志済民に在り。かつて琉球人より

甘藷の利を聞き、之を求む。元禄十一年三月中山王尚貞一株を贈る。栖林神社を甘藷の神社という由縁でもある。

この少し先が住吉である。住吉という地名は漁民の守護神である住吉神に由来するが、社殿は見られず、森が神域のようである。住吉の集落の山側は「能野里《よきののさと》」と呼ばれ、「能野焼」の古い登窯の跡が残っていたそうである。現在、この辺りの「福元陶園」や「葉山窯」などで能野焼が復活されているという。

なお、能野の海岸から北西10㎞の沖に周囲14・３㎞、面積７・４㎢、標高71ｍの馬毛島《まげじま》が浮かんでいる。現在は硫黄島で行われている米軍の空母艦載機の陸上離着陸訓練施設の移転候補地として脚光を浴び、新聞紙上を賑わしている。地元では島の軍事利用への賛否が分かれるとともに、関係自治体にも困惑が広がっているようで、困ったものである。

住吉の先で西之表市から中種子《なかたね》町へと入る。この辺りの海岸から３㎞余り内陸に入った地点の西之表市古田《ふるた》字十三番と中種子町との境界に種子島レーダー観測所が在り、この地点の標高が２８２ｍで種子島の最高地点である。

この先の中種子町星原《ほしはら》の浜津脇の海中には「雄龍《おだつ》・雌龍《めだつ》の岩」と呼ばれる大きな奇岩がそそり立っており、二つの岩は注連縄《しめなわ》で結ばれている。なお、浜津脇からは種子島空港線（県道５８３号線）が分岐しており、５㎞程で平成十八年（２００９）に新しく造成された新種子島空港に至る。しかし、

新空港が整備されると、皮肉にも大阪からの定期便は屋久島空港発着となってしまったのである。

浜津脇の先で国道58号線は海岸線を離れて内陸へと入り、ここから先の海岸線は海亀の産卵地として知られる「長浜海岸」と呼ばれる13㎞も続く長い砂浜となる。内陸に入った国道はやがて中種子町の中心の野間を過ぎて坂井に入る。坂井神社の境内には樹齢七百年という高さ10ｍを越す大きな蘇鉄《そてつ》がある。

その少し先の長谷《はせ》で南種子町に入り、その中心地の上中《かみなか》で国道は右折して島間《しまま》へと向かう。十五分程で島間港に着く。ここで国道58号線は終わる。終わると書いたが、正確には国道58号線はここから海を渡り、奄美大島を縦断して、沖縄県那覇市で終わるのである。

種子島の南部一帯は水田地帯で、藩政時代にはこの地方で収穫された貢納米は島間の湊に集められ、海路を北の赤尾木へと運ばれたのである。しかし、この港を四十年以上も前に訪れた司馬遼太郎は「種子島みち」の中で、「島間はひどくさびしい港だった」と書いている。しかし、今は新しい島間港の整備が行われており、フェリーなどの大型船も発着するようになっている。

島間港の東を流れる島間川の右岸の山並みには、かつては上妻《こうづま》城（島間城）と呼ばれる山城があったという。この城は鎌倉時代に種子島の地頭であった大浦口氏の代官であった上妻氏の館であったと考えられており、今でも往時の土塁や堀切が残っているそうである。

話が変わるが、江戸時代に日本地図を作成したことで知られる伊能忠敬はもちろん種子島も訪れている。忠敬は文化九年（１８１２）四月二十八日にこの島間に上陸し、延べ十六日間で全島の測量を

行っている。総勢二百九名は二隊に分かれて島間を起点にして、忠敬の北隊は時計回りに、坂部定平衛の南隊は反時計回りに海岸線の測量を続け、両隊は現和《げんな》村田之脇（現西之表市現和）で合流したとある。その結果、種子島は周囲三十七里二十三町三間（１４７・７㎞）、南北十五里二十一丁二十七間（61・２㎞）。また横幅は納官《のうかん》村上尻（現中種子町納官）から増田村郡原（現中種子町増田郡原）までが一里二十六町四十六間（６・８㎞）、西之表村池田から現和村田之脇までが二里十五町十一間（９・５㎞）であったと記している。

話が脇道にそれるが、伊能忠敬は寛政十二年（１８００）から日本全国を歩いて『大日本沿海輿地全図』を完成させたことで知られている。しかしながら、忠敬が本当に知りたかったのは、地球の正確な大きさ、すなわち子午線1度の長さを明らかにすることであったことを知る人は少ないのではないか。

忠敬は延享二年（１７４５）に上総《かずさ》国の地主の子として生まれ、十八歳で下総《しもうさ》国香取《かとり》郡佐原《さはら》村の豪農伊能家の養子となった。伊能家は新田開発で土地を増やし、醸造や米穀取引などで財をなした商人地主であった。忠敬は五十歳で家督を長男に譲って、江戸に出て幕府天文方の高橋至時《よしとき》のもとに入門し、西洋暦学と測量術を習得した。やがて、五十五歳になった忠敬は地球の大きさを明らかにすることを胸に秘め、寛政十二年（１８００）から日本地図の作成を目指して日本全土を歩いたのである。

忠敬が明らかにしたのは、地球の緯度1度の長さは１１０・７５㎞であるということであった。したがって、地球の周囲の長さは、１１０・７５×３６０度であり、３万９千８７０㎞となる。実際

門倉岬に立つ「鉄砲伝来紀功碑」

の地球の周囲は変動しており、約４万㎞である、よって緯度１度の長さは、４万㎞の３６０分の１、すなわち１１１・１１㎞であり、忠敬の求めた値との誤差は０・３２４％ということになる。忠敬が地球の大きさを知ったときの感激は如何ばかりであったのかは知る由もない。なお、日本地図が完成したのは、忠敬の死後三年を経た文政四年（１８２１）のことであった。

島間港とその近くにある「伊能忠敬上陸の地」の碑文をあとにし、鉄砲伝来の地とされる門倉岬を目指した。国道58号線を１㎞程戻ると、門倉岬へと向かう県道75号線の分岐点である。この道路は西之表南種子線と呼ばれるように島の東を西之表へと至る長い道である。間もなく牛野と呼ばれる浜に出る。美しい海岸線が延々と続く。大川を過ぎると道は内陸へと入り、やがて最南端の集落の崎原で、ここを右折すれば１㎞足らずで門倉岬で

ある。

岬へ続く断崖上の台地は「門倉・前之浜自然公園」として整備されている。その途中に大きな「鉄砲伝来紀功碑」が静かに佇んでいる。この碑は天文十二年（１５４３）にポルトガル人を乗せた中国船が門倉岬に漂着し、鉄砲が初めて伝えられたことを記念して西之《にしの》地区の人たちにより大正十年（１９２１）に建立されたという。この碑の文字を揮毫《きごう》したのは、種子島守時謹書とあることから『種子島家譜』の最後に記されている第二十七代島主の守時である。

中国の漂流船は門倉岬の岩礁に乗り上げることなく、岬の先端の東に続く砂上に乗り上げたのであろう。村人の知らせで駆け付けた西村織部丞は、初めて見る西洋人の風貌に驚き、五峰という中国人に砂上に文字を書いて「船中の客、何《いず》れの国の人なるを知らず、何《なん》ぞその形の異なるや」と問うた。五峰は「此是《これ》、西南蛮種の賈胡《かこ》なり」と書いたという。室町時代の末期に本土から遠く離れた絶海の孤島に中国人と漢文で筆談できる人間がいたのに驚かされた。

門倉岬の東から東北東に向かって前之浜の白砂の海岸線がわずかに弧を描くようにして竹崎まで9km余り続いている。門倉岬に別れを告げて県道75号線に戻り、茎永《くきなが》にある古代米の「赤米《あかごめ》」で知られた『種子島赤米館』および「宝満神社」へと向かった。やがて道路の左手の広い敷地の中に比較的新しい瀟洒《しょうしゃ》な建物の赤米館が見える。右手の森の奥には宝満神社が鎮座しているという。

日本全国で赤米が残っているのは、この南種子町茎永の宝満神社とともに、かつて訪れたことのある対馬市の南端にある厳原《いずはら》の豆酘《つつ》にある「多久頭魂《たくづだま》神社」および岡山県総社《そうじゃ》市の新本にある「上国《かみくに》

司《し》・下国司神社」の三箇所の神田のみである。しかし、この赤米館で初めて赤米を目にすることができた。展示されている赤米の稲穂は１・５ｍから２ｍ近い背丈があり、脱穀した玄米は薄赤色をした長粒である。炊いたものは赤飯のように赤紫色をしている。なお、この辺りの字名である「茎永《くきなが》」というのは、この茎の長い赤米に因むというのは直ぐ理解できた。

かつて、稲は照葉樹林帯と呼ばれる中国南西部の雲南《うんなん》地方からインド東北部のアッサム地方で生まれたとする「アッサム・雲南起源説」が主流であったが、近年では佐藤洋一郎が『稲のきた道』の中で書いているように、長江（揚子江）の中・下流域で生まれたとする「長江起源説」が妥当とされるようになった。

また、稲にはインディカ（Indica）とジャポニカ（Japonica）の二大品種があり、佐藤は『ＤＮＡが語る稲作文明』という著書の中で東アジアや東南アジアの野生種や栽培品種のＤＮＡ分析によりインディカとジャポニカは別々の起源を有していることを明らかにした。さらに、ジャポニカには温帯型と熱帯型があるが、熱帯型はジャバニカ（Jawanica）と呼ばれる。この熱帯ジャポニカは温帯ジャポニカとインディカの交雑から生まれた可能性があるという。

さらに、稲は「短日性」といい、秋に日が短くなるのを感じて花を咲かせるという性質を有しているが、温帯ジャポニカは短日性を有しているが、熱帯ジャポニカは短日性を失っている。沖縄を含む南西諸島には熱帯ジャポニカが残っていた。『日本書紀』の天武十年（６８１）八月条に「粳稲《いね》常に豊なり、一《ひと》たび殖えて両《ふた》たび収《おさ》む」と記されているように、種子島を含む南西諸島は二期作といい、

米が二度収穫できる。その場合、第一期作の収穫は七月末となり、開花時期は一年で一番日の長い六月中旬から末期になる。したがって、第一期作の品種は短日性を失ったものでなくてはならず、熱帯ジャポニカが適していたのである。

七千年前に長江の中・下流域で生まれた温帯ジャポニカが二千何百年前に九州地方に伝えられた。一方、それに先立って南の方から熱帯ジャポニカが陸稲《りくとう》（おかぼ）として伝わって来た。種子島や対馬などに残る赤米は熱帯ジャポニカであり、縄文稲作の名残《なごり》だとすれば、その原型は焼畑などによる熱帯ジャポニカの栽培と考えられる。縄文時代の稲作には水田址がともなわないので、縄文中期に南の島伝いで日本へ渡来した稲作はインドシナ半島から渡来したと考えられる。言い換えれば、縄文中期に焼畑などによる縄文稲作が南の島伝いで日本に伝えられ、次いで縄文晩期から弥生期に水田技術をともなった稲作が朝鮮半島経由あるいは長江下流域から直接伝えられたのではないか。

赤米館の北には赤米に関する神事の行われる「御田《おた》の森」があり、毎年四月の初めに「御田植祭」が行われる。その折に御田の森で稲の苗に魂を授かり、稲刈の際には初穂を捧げて収穫に感謝をする。御田植の森の正面には「舟田《ふなだ》」と呼ばれる舟の形をした田があり、御田植祭の際に「御田植舞」が行われる。また、御田の森の右手には赤米を栽培する「オセマチ」と呼ばれる御神田があり、御田植祭に男たちが田植歌と太鼓に合わせて苗を植える。御田植祭は女人禁制であり、国の重要無形民俗文化財に指定されている。

県道75号線を挟んで赤米館の南には「玉依毘売命《たまよりひめのみこと》」（玉依姫）を祀る「宝満神社」が鎮座している。

神社への入り口を入り、深い森の中の参道を４００ｍ余り歩くと石造の鳥居があり、その先に狛犬《こまいぬ》の像を前にして簡素な瓦葺入母屋造りに妻入りの本殿が佇んでいる。成立年代は不明のようであるが、赤米の神事を通して稲作と深く関わって来たのであろう。

なお、神社の右手には「宝満の池」がある。茎永層の土地の一部が沈降し、入江が形成された後、海との間が砂丘により塞《せ》き止められて形成された海跡湖である。

赤米館をあとにして宮瀬川を渡り、茎永の交差点を右折して県道５８６号線を南東へ進むと、昭和四十四年（１９６９）に設立された「宇宙開発事業団（ＮＡＳＤＡ）」の『種子島宇宙センター』である。島の南東端に８６４万㎡の広大な敷地には人工衛星およびロケット発射場を初めとして、総合指令棟、発射管制塔、ロケット組立塔、気象塔などが点在している。

小型ロケットの打上げの行われた「竹崎射場」のゲート入り口の近くには昭和五十四年（１９７９）にオープンした『宇宙科学技術館』がある。巨大な館内には宇宙誕生から宇宙開発の未来像、ロケットや人工衛星の実物や模型などが展示されている。中でも推力１１００トンのＨ―Ⅱロケットの大きなロケットエンジンには圧倒される。なお、竹崎射場はかつてＴＲ―ＩＡなどの小型ロケットの発射など宇宙開発のための基礎実験が行われた。

宇宙科学技術館をあとにして、左手に総合指令棟を見ながら種子島灯台を過ぎると、ＮⅠ、ＮⅡ、Ｈ―Ⅰ、Ｊ―Ⅰなどの中型ロケットの打上げの行われた「大崎射場」がある。その右に現在のＨ―ⅡＡ、Ｈ―ⅡＢロケットの組立・整備・燃料充填、そして打上げを行う「吉信《よしのぶ》射場」がある。つい先月、

国際宇宙ステーションへ「こうのとり」を運んだＨ―ⅡＢが打ち上げられたばかりであるが、一度でいいから打上げを見たいものである。そんなことを思いながら宇宙センターをあとにした。

宇宙センターを抜けると広田である。弥生時代中期から古墳時代（１９００～１３００年前）にかけての埋葬遺跡として「広田遺跡」があり、現在は『広田遺跡ミュージアム』として整備されている。遺跡からは百五十八体もの人骨とともに貝符・貝小珠（首飾り）・貝輪（腕輪）など四万四千点以上が発見され、その中に日本最古の文字といわれる「山」と刻まれた貝も発見されているという。

広田から内陸に入り、平山から再び県道75号線を走り、浜田で海岸に出る。この頃から風が強くなり、海岸では白砂が舞い上がり、目を開けておられない。この辺りには「千座《ちくら》の岩屋」と呼ばれる海食洞窟があり、無数の洞穴に潮鳴りがどよめくという。引潮の時には洞窟から洞窟へとくぐり抜けられるとともに、洞内に千人もの人が入れるという大広間があるというが、目にすることはできなかった。

浜田を過ぎて南種子町から再び中種子町に入ると熊野浦である。この浦の北端の岬には熊野神社があり、熊野権現が祀られている。古くからこの南海の孤島と畿内との通交が盛んであったことを物語っている。なお、鉄砲伝来の翌年に再びポルトガル船がこの浦に来航し、八板金兵衛は鉄砲の「底塞ぎの術」を学び、国産銃を完成させることができたことを前述した。そんなこともあり、この地は「ネジの伝来地」と呼ばれている。

しばらく県道75号線を走ると犬城《いんじょう》海岸である。この辺りは荒波で侵食された奇岩や洞窟があるこ

とで知られる。その一つである「馬立の岩屋」の先で西之表市に入った。川脇《こうわき》川を渡り安城《あんじょう》より内陸に入る。この辺りの海浜は「鉄浜《かねはま》海岸」と呼ばれる。その名が示すように鉄分を含む黒っぽい砂浜で、かつては砂鉄が採取されていたそうである。今はサーフィンの聖地として有名である。

田之脇港のある現和《げんな》を過ぎると、「安納芋《あんのういも》」の産地として知られた安納である。近年は焼酎や味噌の原料として用いられ、最近ではアイスクリームやプリンなどで見聞きすることが多くなった安納芋の発祥地である。

平成三十年（２０１８）十一月三十日付の『朝日新聞』の「天声人語」によると、この品種は先の大戦でインドネシアのスマトラ島に送られた兵士が持ち帰ったという外来品種で、この安納地区で細々と育てられていたが、十数年前にしっとりとした食感と甘さがテレビや雑誌で紹介されたのがきっかけで人気となり、島内の栽培面積は十倍に増え、生産農家は五百戸を超えたそうである。焼き芋を二つに割ると、南国の太陽のような黄金色が鮮やかである。鉄砲伝来やロケット発射基地に続く新たな島の「宝」にしようとして「種子島安納芋」の名を浸透させる努力が続けられているそうである。島の土産物店では色々な菓子が売られていたが、未だにこれといったものがないのが現状である。

安納から県道５８１号線に入り、島の北端の喜志鹿崎《きしかざき》に立ち寄り、最後に国上の「浦田神社」を訪れる予定であったが、秋の日は釣瓶落としである。急いで安納から県道75号線に入り、天女ヶ倉《あまめがくら》山（２３８ｍ）の南麓を通って西之表市の中心部に戻り、そこから西海岸を北上して浦田の集落へと入った。想像したよりも古い集落の道に迷いながら浦田神社の前に着いた。

神社の前の疏水に架かる橋を渡ると、山を背にして簡素な朱塗りの社の前に出る。その直ぐ右手に２〜３ｍ四方はある大きな「御種子蒔石《おたねまきいわ》」と呼ばれる岩がある。この上に祭神の「鵜葺草葺不合命《うがやふきあえずのみこと》」が立って岩の下の大地に稲の種子を播いたのが稲作の始まりであると伝えられる。その際に供えられるのは「白米」に限られる。これに対して、前述した宝満神社の神田では赤米の田植神事が行われ、赤米が神饌《しんせん》に用いられる。

このように、種子島には古くから「白米」と「赤米」という二つの稲作技術の系譜が存在する。これらは浦田・宝満という二つの神社に古くから伝承された神事と繋がっている。『和鉄の文化』を著した井塚政義によれば、浦田神社の神事は中国江南から渡来した直播《じきま》きの大陸系稲作技術が優勢であったことを示しており、宝満神社の田植神事には南方海洋系稲作技術の面影を見ることができると述べている。井塚は製鉄と稲作とはワン・セットで種子島に伝播したといえると述べており、とても示唆に富む説のように思われた。

１６０㎞におよぶ種子島一周の旅を終え、西之表の町に帰る頃にはすっかり日は落ち、夕闇が家々を包もうとしていた。

参考文献

１　芳　即正・五味克夫監修『日本歴史地名大系47　鹿児島県の地名』平凡社　１９９８

２　司馬遼太郎『街道をゆく　八』朝日新聞社　１９７７
３　宇田川武久『鉄炮伝来』中公新書　１９９０
４　井塚政義『和鉄の文化』八重岳書房　１９８３
５　金子　務『ジパング江戸科学散歩』河出書房新社　２００２
６　佐藤洋一郎『稲のきた道』裳華房　１９９２
７　佐藤洋一郎『ＤＮＡが語る稲作文明』ＮＨＫブックス　１９９６

11　花は桜

二十四節気の一つである啓蟄《けいちつ》を過ぎ、時折春めいた日が訪れるようになると、程なく列島各地から桜の開花を知らせる便りが届けられる候となる。古来より「花は桜」といわれたように、多くの日本人は桜の花を愛し、特別な想いを寄せて来たようである。彼の有名な西行は、『続古今和歌集』に次のような歌を残している。

ねがはくははなのもとにて春しなむそのきさらぎの望月のころ

また、浄土真宗中興の祖として知られる蓮如《れんにょ》上人は、次のような辞世の歌を詠んでいる。

咲き続く花みるたびになほもまたただ願はしや西の彼の岸

平安時代以降、単に花というのは桜の花を指し、これらの歌に詠み込まれている花というのは桜のことであるというのは言を待たない。

平成二十七年（２０１５）に『朝日新聞』で実施された「あなたの好きな木」と題するアンケート調査によれば、第一位は桜であり、銀杏《ぎんなん》・金木犀《きんもくせい》と続き、やっと四位に梅が入っている。桜が一位になったのは、単に花の美しさに惹かれただけではなく、その姿に自分の人生を重ね合わせるからである。例えば、桜の花は散り際の潔《いさぎよ》さから武士道の象徴ともされ、戦前は桜にナショナリズムを纏わせ

た。

なお、一茶は「死支度《しにじたく》致せ致せと桜かな」という句を残しているが、朝日新聞社の福島申二は桜の花の恬淡《てんたん》とした（執着しない）美しさが一茶をしてそういわしめたのであろうと述べている。

ところで、「桜」という言葉はどのような語源を有しているのであろうか。『桜が創った「日本」』を著した佐藤俊樹によれば、桜という言葉は「サ」と「クラ」が合わさったものであるという。「サ」は穀物（稲）の精霊を指し、サツキ（五月）やサオトメ（早少女）の「サ」である。「クラ」は神の座《ましま》す処を示し、イワクラ（磐座）の「クラ」である。雪が消えて冬が終わり、穀物の精霊が最初に舞い降りて来るところ、それが「サクラ」である。

その桜の名称は、片仮名で表記する場合と漢字で書く場合とがある。片仮名表記は、現在の植物分類学的な定義に基づく名称で、「標準和名」と呼ばれる。これに対して、漢字表記は日本語圏で慣用的に使用されてきた名称である。以後、植物学上の分類を優先して原則として片仮名で表記することにする。

サクラはバラ科のサクラ亜科サクラ属に分類される。ヤマザクラとかエドヒガンというのは種（species）レベルの分類群であり、これらの種をまとめたものがサクラ属である。このサクラ属にウメ属やモモ属などをまとめたものがサクラ亜科であり、これらにナシ属やリンゴ属を一まとめにしてバラ科と呼ぶ。

植物に限らず、生物の種の正式な名称を「学名」といい、属名と種名あるいは種小名をラテン語で

併記する。サクラの学名の属名は、これまで*Prunus*（プルヌス）が用いられていたが、近年では*Cerasus*（ケラサス）が用いられるようになった。その理由はサクラを*Prunus*属とすると、モモやスモモ、ウメなどを含む大きな群となり、世界で四百種を超す大きな属となってしまうからである。そこで、*Prunus*を広義のサクラ属と呼んでいる。一方*Cerasus*はヤマザクラやエドヒガンなどのサクラしか含まず、これを狭義のサクラ属と呼んでいる。

生物学で用いられる種という概念により自生種のサクラを分類すると、サクラは世界に百種ばかり存在するが、日本にはヤマザクラ（山桜）、オオヤマザクラ（大山桜）、オオシマザクラ（大島桜）、カスミザクラ（霞桜）、エドヒガン（江戸彼岸、彼岸桜とも）、マメザクラ（豆桜）、タカネザクラ（高嶺桜）、チョウジザクラ（丁字桜）、ミヤマザクラ（深山桜）、カンヒザクラ（寒緋桜）のわずか十種しかない。なお、自生種というのは、人為的ではなく、本来の生育地で生育・繁殖していることを意味する。本来の生育地ではないところで繁殖して野生化したものは、野生種ではあるが、自生種ではない。

里山に春を告げるサクラとして知られているのがヤマザクラ群であり、ヤマザクラ・オオヤマザクラ・オオシマザクラ・カスミザクラの四種がある。特にヤマザクラは古来から詩歌に詠まれた代表種であり、西行の愛したものも、本居宣長が和の心として詠んだのもこれである。

青森県弘前市の弘前公園および長野県伊那市の高遠《たかとう》城址公園とともに「日本三大桜名所」の一つとして知られる奈良県吉野町は、「一目《ひとめ》千本」といわれるサクラの聖地である。しかしながら、吉野山

のサクラは元々自生種ではなく、苗木を植えて増やしていったものである。修験道の開祖である役《えんの》行者《ぎょうじゃ》（役小角《えんのおづぬ》）が吉野山に金峯山寺《きんぶせんじ》を開く折に桜の木で蔵王権現像を彫って納めたことから、御神木として信者たちが寄進した白山桜を主体に、二百三万本により山々は覆い尽くされたのである。ロープウェイの周辺は「下千本」、如意輪寺付近は「中千本」、吉野水分《みくまり》神社付近は「上千本」、さらに奥の西行庵一帯は「奥千本」と呼ばれている。

エドヒガンは直径3m、高さ30mを越す巨木に成長するとともに長寿で知られる。樹齢日本一とされているのが山梨県北杜《ほくと》市の実相寺境内にある「山高神代《やまたかじんだい》桜」と呼ばれるエドヒガンである。日本《やまと》武尊《たけるのみこと》が東征の帰途に植えたとされ、樹齢一千八百年とも二千年とも伝えられている。このサクラは岐阜県本巣《もとす》市根尾《ねお》にある「根尾谷淡墨《うすずみ》桜」および福島県三春町にある「三春滝桜」とともに「日本三大桜」として国の天然記念物に指定されている。

根尾谷の淡墨桜も樹齢一千五百年のエドヒガンである。その花は蕾《つぼみ》の時には薄紅色で、満開時には艶やかな白色となるが、散り際にはかすかに淡い墨を引いたような色になることからその名がある。また、三春滝桜は樹齢七百年から一千年の枝垂《しだれ》桜として知られている。枝垂桜はジベレリン(gibberellin)という植物成長ホルモンの供給不足によって生ずるが、元はエドヒガンに生じた突然変異である。

これらの三大桜は、丸谷馨《まるやかおる》が『日本一の桜』という著書の中で述べているように、千年級の長寿であり、エドヒガンという点でも共通している。なお、西日本ではエドヒガンは江戸よりも古い歴史を

有するという観点からヒガンザクラとも呼ばれている。

マメザクラとタカネザクラの二種はマメザクラ群とされているが、両種がマメザクラ群として一まとめにされる理由は分からない。種としてのマメザクラは関東から中部・近畿にかけて分布する。これに対し、タカネザクラは亜寒帯を中心にして千島列島から北海道・本州に分布し、日本のサクラの中では最も寒さに強い種である。

種としてのチョウジザクラの特徴は、葉面や葉柄・花柄にも毛が多く、花弁が短いことである。この花を横から見ると「丁」の字に見えることから丁字桜と名付けられたのであろう。

冷温帯を中心にして北海道から本州・四国・九州に分布するミヤマザクラは標高の高い深山《みやま》に生育し、最大の特徴はその開花時期の遅さであるという。例えば、東京都八王子市では五月上旬に開花するそうである。

中国南部や台湾などに分布するカンヒザクラは、日本の本州では高さ４ｍ程にしか育たないが、台湾では10ｍを超えるものがあるのをテレビの映像で見たことがある。日本では沖縄県の石垣島に数百本の自生種とされる集団があり、荒川の寒緋桜として国の天然記念物に指定されている。しかし、荒川のカンヒザクラは本当に自生種かという疑問が持たれている。勝木俊雄はその著書『桜』の中で幾つかの理由により、石垣島のカンヒザクラは人によって持ち込まれた後、野生化したものではないかと述べている。

カンヒザクラが自生種かどうかの問題はさて置き、本土で最もポピュラーなサクラであるソメイヨ

シノが生育できない沖縄では、サクラといえばこのカンヒザクラを指す。但し、沖縄ではヒカンザクラ（緋寒桜）と呼ばれている。前述したように、本州ではエドヒガンをヒガンザクラとも呼ぶ。ヒカンとヒガンは漢字では区別できるが、音《おん》では紛らわしい。そこで、本州ではカンヒザクラと呼ぶようになったといわれる。

カンヒザクラは、一月に咲くこともあり、日本一の早咲きのサクラとして全国的に知られている。その花は濃紅色の大きな花弁が下向きに閉じたように咲く。最近、東名高速道路のサービスエリアで初めて目にしたカンヒザクラもこのようであった。しかし、沖縄では花の色が少し薄く、花弁も開いた形のものが多いそうである。

サクラは日本の春を象徴する花であり、春になるとサクラは日本人にとって特別な存在であることを実感する。人々はサクラの花の下で敷物を広げ、酒を酌み交わしながら花を愛でる。但し、平安時代から江戸時代にかけてこのような観賞の対象になっていたのは、ヤマザクラであった。それが幕末から明治時代に入ると、新しく生まれたソメイヨシノと呼ばれる品種が花見の中心となったのである。

ソメイヨシノというサクラは、江戸時代末期に江戸の染井村（現東京都豊島区駒込）から新しく「吉野桜」と名付けて売り出された栽培品種であった。しかし、この新しい品種は瞬く間に全国へ広がり、今では北海道札幌から鹿児島県奄美大島まで実に１６００㎞にわたる広範囲で植栽されている。日本中のサクラの80％はこのソメイヨシノであるといわれ、サクラといえばソメイヨシノと思ってい

る人も多いのではないか。

ソメイヨシノがこのように爆発的に大流行した理由は、花付きが良く、成長が速く、一斉に開花するなど、花見に適した条件を備えていたからと思われる。それまで花見のサクラとして知られていたヤマザクラは、開花時には赤い若葉が広がり、木全体が赤っぽく見える。これはこれで趣があるが、ソメイヨシノは花が咲いている間は葉はほとんど広がらず、淡紅色の花だけが目立つことから、花見の対象としては理想的であるといえる。

明治時代を迎えて植物分類学が発展すると、吉野桜と呼ばれていたソメイヨシノは吉野に生育しているサクラとは異なっていることが分かってきた。ソメイヨシノは吉野で最も多いヤマザクラと比較して明らかに形態が異なっている。明治二十三年（１８９０）に東京帝室博物館（後の東京国立博物館）の藤原寄命《きめい》は上野にあるソメイヨシノを調査してこのことに気付き、同三十三年（１９００）に『日本園芸雑誌』にソメイヨシノと命名する旨を掲載した。翌年、東京帝大理学部の松村任三《じんぞう》はソメイヨシノの学名を*Prunus yedoensis*（プルヌス　エドエンシス）と命名した。ただし、当時は未だソメイヨシノが栽培品種として認識されていた訳ではない。

植物の繁殖の最も基本的な様式は、「実生《みしょう》」と呼ばれる種子を蒔いて育てる有性生殖であり、雄しべの花粉が雌しべに受粉して次世代の種を作る。種子植物の中でサクラなどの被子植物は花粉が雌しべに受粉すると、花粉から花粉管が伸びて子房《しぼう》の中にある胚珠《はいしゅ》に届き、花粉管内の精細胞が胚種内の卵細胞と融合して受精する。こうして受精した胚珠は次世代への種子となるのである。

ところが、多くのサクラ類は「自家不和合性（自家不稔性とも）」という形質を有しており、同じ個体の雄しべと雌しべとは受精できない仕組みになっている。これはs遺伝子という特別な遺伝子の作用に因るものである。雌しべと同じs遺伝子を有する花粉は花粉管の伸長が途中で停止してしまい、受精できないのである。つまり自家受精できない仕組みになっているのである。s遺伝子の遺伝子記号のsは自己あるいは自家を意味する英語selfの頭文字である。

なお、ソメイヨシノはこのs遺伝子を保有しており自家不和合性のために結実しないと思われるが、この点は全くの誤解である。ソメイヨシノだけが植栽されているところでは受粉しても結実しないが、周囲にオオシマザクラやエドヒガン、あるいはヤマザクラのようにs遺伝子を保有しないサクラがあれば、このサクラの花粉がソメイヨシノの雌しべに受粉して結実するのである。但し、これらの種子から子供を育てても母親とは似ているが、ソメイヨシノとは違ったサクラとなり、最早ソメイヨシノとは呼ばない。このように自家不和合性のあるサクラは遺伝子を組み換えて新しい種《しゅ》を作る特性がある。

このようなサクラの特性はサクラ好きの間では昔から知られていたようである。『桜が創った「日本」』を著した佐藤俊樹によれば、松岡玄達の弟子であった小野蘭山は「ひと品を実うへにすれば色も香もかさねの名さえかわりこそすれ」という歌を詠んでいる。自家不和合性のサクラの種子から育てたサクラは元のサクラとは色も香も名前さえも違ったものになるという意味である。このようなサクラの自家不和合性は昭和四十二年（１９６７）に渡辺光太郎によって証明されたが、二百年前に同

じ現象を発見した人がいたのである。この特性故に常に新しい形質を有するサクラが生まれるのである。

それでは新しく栽培品種として生まれたソメイヨシノはどのようにして増殖されたのであろうか。このような場合には栄養繁殖といい、枝を切り取って地中に挿して不定根を発生させる「挿木《さしき》」や、芽や枝を切り取って根を有する他の個体の茎に活着させる「接木《つぎき》」により増殖させることができる。接木はカキやリンゴなどの果樹栽培で用いられる増殖方法である。接ぐ方の芽や枝は「接穂《つぎほ》」または「穂木《ほぎ》」、根のある方は「台木《だいぎ》」と呼び、一般に両者は近縁の植物間で行われる。

ソメイヨシノの大きな特徴の一つは、すべての個体が接木により増殖された同一の遺伝子組成を有する「クローン（clone）」であるということである。ソメイヨシノが広まった初期に種子から実生由来の系統が数多く栽培されていれば、複数クローンの栽培品種になったかも知れないが、最初から接木による増殖であったものと想像される。こうして単一クローンのソメイヨシノが生まれたのである。なお、ソメイヨシノには挿木できる程度の発根性は認められるが、成功率は必ずしも高くはないので接木により増殖されたのであろう。

このクローンという用語にどのような日本語を当てるのが適当であろうか。因に、研究社の『新英和大辞典』や岩波書店の『生物学辞典』あるいは南山堂の『医学英和大辞典』などには次のように記されている。すなわち、単一原種から発生した栽培植物個体の群属、または単性生殖体から無性生殖的に発生した群属であり、植物では栄養純系または単に栄養系あるいは分枝群、動物では分枝という

とある。しかし、いずれも適切な訳語ではないように思われるので、学術書と同様にクローンと片仮名表記としておく。

それでは、ソメイヨシノという品種はどのようにして誕生したのであろうか。明治の頃にはソメイヨシノはヤマザクラとは異なる品種として認識されていたようであるが、この時点ではその産地や生い立ちは不明であった。勝木俊雄はその著書『桜』の中でソメイヨシノの起源や生い立ちについて以下のように記している。

東京帝大の小泉源一は大正元年（１９１２）にソメイヨシノの原産地を伊豆大島ではないかと推察して調査を行った。しかし、伊豆大島にはソメイヨシノは自生しておらず、「おほやまざくら」だけが分布していると報告した。小泉が「おほやまざくら」と書いているのはオオシマザクラのことであった。

こうした状況の中で浮上したのがソメイヨシノの「済《チェ》州《ジュ》島《ト》起源説」であった。ドイツの植物学者のＥ・ケーネは、１９１２年に朝鮮半島の南の東シナ海に浮かぶ済州島に在住していたフランス人宣教師のＥ・Ｊ・タケーの採集した標本の中に新種のサクラがあることを発表し、これをソメイヨシノの変種と分類した。さらに、小泉源一も大正二年（１９１３）にフランス人宣教師のＵ・フォーリーの所有していた済州島産の標本の中にソメイヨシノによく似ているサクラがあることを報告した。

これらのサクラは済州島の古い別名である瀛洲《えいしゅう》に因んで日本語名として「エイシュウザクラ」と命

名された。さらに、小泉は昭和七年（１９３２）にエイシュウザクラに加えてソメイヨシノも済州島に自生しているという論文を発表し、ソメイヨシノの済州島起源説が認められるようになった。

ところが、米国のE・H・ウィルソンは１９１６年（大正五）にソメイヨシノはエドヒガンとオオシマザクラとの雑種であるという重大な説を発表したのである。それにしても、ウィルソンがソメイヨシノはエドヒガンとオオシマザクラとの雑種であると推察したのは、どのような根拠に因るのであろうか。

この頃の日本では植物分類学の第一人者である小泉が済州島起源説を支持していたこともあり、ウィルソンの雑種説は当初はあまり支持されなかったようである。なお、ウィルソンは屋久島に残る屋久杉の「ウィルソン株」を欧米に紹介したことでよく知られている。

第二次世界大戦後、静岡県三島市にある国立遺伝学研究所の竹中要《よう》の研究によりソメイヨシノはエドヒガンとオオシマザクラとの種間雑種であることが明らかにされたのである。竹中によれば、エドヒガンとオオシマザクラとを人為的に交雑させた結果、雑種個体はソメイヨシノに近似していることが確認され、ソメイヨシノは野生種ではなく、エドヒガンとオオシマザクラとの種間雑種であることが証明されたのである。こうして１９６０年代にはソメイヨシノはエドヒガンとオオシマザクラとの雑種であるという説が定着したのである。

勝木俊雄によると、済州島のエイシュウザクラはソメイヨシノによく似ており、済州島内に複数本自生している。しかし、これらは一つの独立した種《しゅ》ではなく、済州島に自生しているエドヒガンとオ

オヤマザクラとの種間雑種と考えられるという。エイシュウザクラは済州島内に点在しているが、個体数は余りにも少なく、周囲にはエドヒガンとオオヤマザクラが沢山生育している。加えて、エイシュウザクラはエドヒガンとオオヤマザクラとの中間的な形態をしており、これらの種間に生じた雑種と考えるべきであり、「チェジュザクラ」とでも呼ぶべきであると述べている。したがって、このサクラはエドヒガンとオオシマザクラの種間雑種のソメイヨシノとは似ているが、異なる分類となる。

　これに対して、韓国では現在でも小泉源一の見解が支持されており、日本で栽培されているソメイヨシノは済州島が起源であるという説が定着しているというから驚きである。かつて勝木は韓国のマスコミから取材を受けたことがあり、韓国ではソメイヨシノの起源について韓日で論争しようという動きがあるという。しかし、勝木は現時点でソメイヨシノの起源について論争するのは、韓国の反日感情を考慮すると不毛であり、有益とは思えないと結んでいる。

　かくしてソメイヨシノはエドヒガンとオオシマザクラとの種間雑種であることが明らかにされたが、その出生地については明らかではなかった。近年、岩崎文雄によりソメイヨシノは江戸の染井村で人為的交配によって作り出されたという説が広まっている。岩崎によると、享保十五年（１７３０）頃に染井村の植木職人であった伊藤伊兵衛政武が人工交配によってソメイヨシノを作出したという。しかしながら、勝木俊雄は当時は未だ人工交配技術は確立されてはおらず、意図した交雑ができたかどうかは疑問であり、ソメイヨシノは自然交配により偶然に生まれたとする方が無理がないように思われると述べている。その後の研究の進展にはＤＮＡを用いる遺伝学的研究を待たねばならなかった。

　１９９０年代に入ると、ＤＮＡの塩基配列の違いを標識として調べることにより遺伝的関係を簡便に解析することが可能となった。先ずＤＮＡを用いたサクラ類の分類学的研究としてソメイヨシノのクローン性に関する研究が行われた。印南《いんなん》秀樹らは平成七年（１９９５）に沖縄を除く四十六都道府県で栽培されている68個体のソメイヨシノのＤＮＡを抽出してＤＮＡフィンガー・プリンティングにより塩基配列の変異性を調べた。その結果、日本中のすべてのソメイヨシノは遺伝的に全く同じであり、同一クローンであることが証明されたのである。

　次いで、金子隆史らは平成八年（１９９６）にエドヒガンとオオシマザクラを含むサクラ類の葉緑体中のＤＮＡを抽出し、ＤＮＡの塩基配列の特定部位を切断する制限酵素で処理してＤＮＡ制限酵素断片長（ＲＦＬＰ）を解析した。葉緑体ＤＮＡはミトコンドリアＤＮＡと同様に母親の細胞質を通して遺伝される。その結果、ソメイヨシノの葉緑体ＤＮＡはエドヒガンと同じであったことから、ソメイヨシノの母親はエドヒガンであることが明らかにされたのである。

　さらに、大《おお》田《た》智《さとし》らは平成十七年（２００５）にサクラ類１４４個体のＳＳＲ（simple sequence repeat）を調べた。ＳＳＲはＤＮＡの特定部位の断片の単純な塩基配列の繰り返し数の多型を分析するもので、種間の関係を解析することができる。その結果、エドヒガンやミヤマザクラは他のサクラ類よりも変異が大きく、遺伝的に掛け離れていることが示された。また、マメザクラとキンキマメザクラといった変種レベルの関係がこれまでの分類体型と同様であることが示された。

　加えて、東京都八王子市の高尾山麓にある「森林総合研究所・多摩森林科学園」の勝木俊雄らは、

国内に自生する十種類のサクラを含む３１１個体のＳＳＲを分析した。その結果、この遺伝子マーカーにより種の識別や雑種の判断も可能となり、ソメイヨシノの父親がオオシマザクラであることが明らかにされた。前述のように、これまでの研究でソメイヨシノの母親はエドヒガンであることは判明していたが、父親がオオシマザクラであるのか、あるいはヤマザクラかオオヤマザクラであるのかは区別できていなかったのである。

ところで、勝木はＤＮＡ分析の研究からおかしな説も現れて来たと述べている。平成十九年（２００７）に中村郁郎《いくお》らは葉緑体ＤＮＡのＲＦＬＰの解析によりソメイヨシノの父親はオオシマザクラであり、母親は上野公園にあるエドヒガンの「小松乙女」であることを発表した。その理由はソメイヨシノと小松乙女の葉緑体ＤＮＡのＲＦＬＰのタイプが一致したことによるが、現在では逆に小松乙女はソメイヨシノの子であると考えられている。

話が変わるが、「サクラといえばソメイヨシノ」といわれるように、ソメイヨシノは花見の対象としてだけではなく、文学や美術・工芸などの日本文化の素材として扱われるようになり、気象庁ではソメイヨシノの開花日を観測するようになった。東京管区気象台では大正十四年（１９２５）から開花日の観測データが公表されている。また、昭和二十八年（１９５３）からは全国で統一された観測データが公開されるようになった。そのために気象庁は観測地点ごとに観察の対象とする「標本木」を定め、その木の花が五・六輪開いた日を開花日とし、約80％のつぼみが開花した日を満開日と定義

したのである。

それでは、サクラはどのようにして春を感じて開花するのであろうか。花になる花芽《かが》は咲く前年の夏には形成されるという。葉の付け根の部分に小突起が生じて冬芽《とうが》となり、花になるものを花芽、葉の付く枝になるものを葉芽《ようが》という。生じたばかりの芽はどちらになるのかは不明であるが、冬芽が成長していく間にどちらになるかが決まる。ソメイヨシノの場合、夏の終わりには決まり、花芽の中で花の基になる組織が形成された後、翌年の春まで休眠に入る。

この間に春と同じ程度の気温になっても花芽は成長しない。その理由は葉で生成される植物ホルモンであるアブシジン酸が花芽の成長に必要な植物ホルモンのジベレリンの作用を抑制するからである。冬期の低温刺激によりアブシジン酸が減少し、ジベレリンが増加すると花芽の休眠が解除され、暖かくなると花芽が成長し、やがて開花する。この低温刺激による休眠の解除は「春化《しゅんか》」とも呼ばれる。

因に、平成二十九年（２０１７）のソメイヨシノの開花が最も早かったのは東京であり、三月二十三日であった。なお、東京のソメイヨシノの標本木は九段の靖国神社にある。この神社は明治二年（１８６９）に戊辰《ぼしん》戦争の官軍側戦没者の霊を祀るために建立されたもので、当初は「東京招魂社」と呼ばれた。この創設の発案者はこの神社の北隣に本邸を有する木戸孝允《きどたかよし》であったが、創設の実務は大村益次郎《おおむらますじろう》が取り仕切ったという。靖国神社とサクラの縁は古く、明治三年に木戸より神苑内にソメイヨシノが植えられたそうであるが、この時のサクラは今は無いという。

ソメイヨシノへの関心の高さが問題を生じさせたこともある。静岡市の開花観測の対象となっているサクラの標本木はソメイヨシノとは違うのではないかという疑問が持ち上がったことがある。静岡地方気象台によると、このサクラはそれまでの標本木が枯れたので新しく標本木とされた。ところが、このサクラは平成十四年（２００２）、同二十年（２００８）、同二十三年（２０１１）に全国で一番早く開花したソメイヨシノとなったのである。

そこで、森林総合研究所の勝木俊雄らは平成二十四年に問題のサクラを調べると、ソメイヨシノによく似てはいるが、細かな形態が異なっていた。次いで核ＤＮＡを調べてソメイヨシノと同一クローンかどうかを調べた。その結果、このサクラはソメイヨシノの遺伝子をすべて保有していたが、オオシマザクラに由来する遺伝子も併せ持っていた。よって、このサクラはソメイヨシノとオオシマザクラとの子であると推測された。しかも、通常の交配では母親の遺伝子の半分しか持っていないが、このサクラは母親のすべての遺伝子を受け継ぐという特殊な交配から生まれたことになる。したがって、このサクラはソメイヨシノそのものではないが、まったく違うとも断定できないということになる。この結果が発表されると、静岡地方気象台は標本木を替えたという。

ソメイヨシノは植えてから二十年から三十年が樹勢が最も旺盛で、その後は衰退して五十年程で枯れるといわれる。このソメイヨシノ短命説は広く受け入れられているようであるが、勝木俊雄はこの説には懐疑的であると述べている。

ソメイヨシノ短命説は既に広く栽培されるようになった明治の頃からいわれていた。大正七年（１

９１８）に発行された『桜』という雑誌には、「桜は短命である。成長は早いが、弱いという批評はよく聞く。これとは反対に千年を越える老木も少ない。東京で桜が三・四十年で枯れるのは、樹そのものが弱いのではなく、保護が行き届かぬためである。この短命とは桜全般に対していわれるのではなく、染井吉野についてである」と書かれている。また、この雑誌に寄稿した三好学は、「桜の中で早く枯れるというのは染井吉野である。この木は成長が早く、容易に繁殖するので苗木として供給するには適している。但し、この桜は二・三十年で木が傷み、四・五十年で多くは枯れる」と記している。

最近では、平成十七年（２００５）に出版された平塚晶人著の『日本のサクラが死んでゆく』の中に、ソメイヨシノが衰退している現状とともに、青森県の弘前公園で丁寧な管理を行うことで老齢のソメイヨシノの樹勢が回復しているという事例が紹介されている。この弘前公園の管理は独特で、大胆な剪定《せんてい》を行い、多量の肥料を施すことにより若い元気な枝を伸ばそうとするものである。かつて雪の残る春先に弘前公園を訪れ、剪定の行われているのに出合ったことがある。確かに直径５・６㎝の枝をもばっさりと切り落とす大胆な剪定であった。

一般にサクラは剪定を行わない。その理由はサクラの花の付き方と関係しているという。サクラの花になる花芽《かが》は前年に付いた葉の付け根の部分に形成される。サクラの枝には一年で数十㎝も伸びる長枝と、ほとんど伸びない短枝とがある。花芽は短枝に付き、長枝には葉芽《ようが》が付いて新しい枝を伸ばすが、その枝に花芽が付くまでに数年かかるといわれる。剪定を行うと、、成長の良くない短枝の多

くが切り取られ、花芽の数が減少して花付きが悪くなるので剪定してはいけないということになっているらしい。

では、ソメイヨシノの最大樹齢はどれくらいであろうか。弘前公園にある日本最古といわれるソメイヨシノは、明治十五年（１８８２）に植栽されたという記録が残されており、平成三十年（２０１８）現在で百三十六歳ということになる。東京都小石川植物園のソメイヨシノは明和四年（１７７５）に植栽されたといわれる。これが事実とすれば、二百四十三歳ということになってしまう。

なお、染色体の末端部分にあるテロメア（teromere）は細胞分裂を繰り返して老化すると短くなるといわれる。そこで、平成十六年（２００４）に弘前公園と広島県尾道市の千光寺公園で樹勢が衰えて撤去する予定のソメイヨシノのテロメアの長さが調べられた。どちらのサクラも樹齢は七十歳を越えていたが、テロメアの長さは、ほぼ同じであり、いずれも寿命を迎えてはいないことが明らかにされた。この結果は本来の寿命が尽きていないサクラは管理方法によっては元気に花を咲かせることができることを示唆しているのではないか。

これまで日本のサクラの自生種の分類、栽培品種のソメイヨシノを中心としてサクラの自家不和合性、ソメイヨシノの起源や寿命などについて述べたが、自生種間に生まれた種間雑種は百種、さらに人によって育成された栽培種は三百種にも及ぶともいわれている。この多様な栽培品種の内、代表的な早咲き品種として知られたカワヅザクラ（河津桜）と、日本三大桜名所の一つである高遠城址公園

のコヒガンザクラ（小彼岸桜）について述べておく。いずれも自生種間の雑種としてよく知られている。

サクラが愛される理由の一つは、春を告げる花であるからといわれる。よってソメイヨシノよりも開花の早いサクラは好まれるようで、新しく流通しているサクラの栽培品種も早咲きのものが多いようである。早咲きのサクラとしてカンザクラ（寒桜）、オオカンザクラ（大寒桜）、トウカイザクラ（東海桜）、ヨウコウ（陽光）、シキザクラ（四季桜）などが知られている。

中でも静岡県河津町のカワヅザクラは伊豆半島の河津川沿いに約八千本が植栽されており、毎年二月上旬から一箇月間に百万人以上の観光客がこの地を訪れるといわれている。

カワヅザクラの原木は、昭和二十年代に民家の庭に移植された若木が育ったものである。この原木が昭和四十一年（１９６６）に初めて花を付けたという。開花時期は一月下旬と極めて早く、一箇月間も咲き続けたという。花の色は濃い淡紅色で、花の大きさは直径４～５㎝と大きかった。その後、接木で増殖させた苗木が河津川沿いの土手に植栽された。

その形態からカンヒザクラとオオシマザクラの種間雑種と考えられていたが、遺伝的解析により単に二つの種が交雑しただけではなく、カンヒザクラとオオシマザクラの雑種にさらにカンヒザクラが交雑したものと考えられるようになった。早咲きの形質はカンヒザクラに由来し、花の色はカンヒザクラの濃紅色とオオシマザクラの白色との中間の色合いである。なお、一箇月間も咲き続けるというのは、同じ花が一箇月間も咲いているのではなく、新しい花が次々に咲き、結果として一箇月間も咲

いているかのように見えるのである。

高遠城址公園のコヒガンザクラは、明治八年（１８７５）に荒れ果てていた高遠城址の二ノ丸から本丸にかけて旧高遠藩士たちが馬場にあったサクラを移植したもので、樹齢百年を超す一千五百本余りが整然と植栽されている。このサクラは変化に富んだ枝ぶりと淡紅色の可憐な花で知られている。

コヒガンザクラはマメザクラの変種であるキンキマメザクラ（近畿豆桜）とエドヒガンの種間雑種であるといわれる。長寿であるのと花弁の淡紅色はエドヒガンに、可憐な花はキンキマメザクラに由来するのであろう。かつて満開を過ぎて花吹雪の頃に高遠城址公園を訪れたことがある。地面全体が花びらで覆われ、ピンクの絨緞が敷き詰められたような光景を目にしたことを思い出す。

参考文献

１　佐藤俊樹『桜が創った「日本」』岩波新書　２００５
２　丸谷　馨『日本一の桜』講談社現代新書　２０１０
３　勝木俊雄『桜』岩波新書　２０１５
４　平塚晶人『日本のサクラが死んでゆく』新風舎文庫　２００５

◇謝辞

稿を終えるにあたり、本書の出版に際していろいろ御協力いただきました羽衣出版の松原正明さんに対して深く感謝の意を表します。また、参考文献の収集にあたり御世話になりました静岡県磐田市立中央図書館の職員の皆様に御礼申し上げます。

なお、これまでに上梓しました拙ない著作を読んで下さるとともに、本書の出版に際して原稿の誤りを御指摘して下さったばかりでなく、面倒な校正の手助けをお願い致しました佐伯直子さんに対して心から御礼申し上げます。

〈著者紹介〉

棚瀬 久雄（たなせ ひさお）

昭和 17 年（1942）に岐阜市で生まれ，同 36 年（1961）に名古屋大学入学．同 40 年（1965）に名古屋大学農学部を卒業し，三共株式会社（現第一三共株式会社）に入社．同研究所において疾患モデル動物の遺伝・育種学および実験奇形学の研究に従事し，昭和 53 年（1978）に名古屋大学において農学博士号を取得．平成 9 年（1997）に三共を退社．

この間，昭和 40 年に名古屋大学医学部環境医学研究所に依託研究員として在籍．同 54 年（1979）から同 56 年まで米国メリーランド州ベセスダにある NIH（National Institutes of Health；米国国立衛生研究所）に客員研究員として在籍．

著書として『海の道　日本海を辿る』（近代文芸社 2007），『近江平成風土記の旅』（静岡新聞社 2009），『フォッサマグナ・中央構造線を行く』（創栄出版 2010），『離島への誘《いざな》い』（創栄出版 2014）などの紀行文がある．

現在，静岡県磐田市大泉町 27-7 に在住．

歴史・文化への眼差《まなざ》し

2020 年 7 月 15 日発行
定価 本体 1,818 円＋税

著　者　棚瀬久雄

発行人　松原正明
発　行　羽衣出版
〒 422-8034
静岡市駿河区高松 3233
TEL　054-238-2061
FAX 054-237-9380

ISBN978-4-907118-55-6 C0026 ¥1818E